校园快乐体操教学指导

金　逵　李翠玲　主编

北京体育大学出版社

策划编辑 佟　晖

责任编辑 佟　晖

责任校对 赵红霞

版式设计 联众恒创

图书在版编目（CIP）数据

校园快乐体操教学指导 / 金遂 , 李翠玲主编 . -- 北
京 : 北京体育大学出版社 , 2022.9
　　ISBN 978-7-5644-3734-3

　　Ⅰ . ①校… Ⅱ . ①金… ②李… Ⅲ . ①体操—小学—
教学参考资料 Ⅳ . ① G623.83

　　中国版本图书馆 CIP 数据核字（2022）第 172613 号

校园快乐体操教学指导
XIAOYUAN KUAILE TICAO JIAOXUE ZHIDAO

金　遂　李翠玲　主编

出版发行：北京体育大学出版社
地　　址：北京市海淀区农大南路 1 号院 2 号楼 2 层办公 B-212
邮　　编：100084
网　　址：http://cbs.bsu.edu.cn
发 行 部：010-62989320
邮 购 部：北京体育大学出版社读者服务部 010-62989432
印　　刷：北京建宏印刷有限公司
开　　本：710 mm × 1000 mm　　1/16
成品尺寸：170 mm × 240 mm
印　　张：8.75
字　　数：144 千字
版　　次：2022 年 9 月第 1 版
印　　次：2022 年 9 月第 1 次印刷
定　　价：60.00 元

（本书如有印装质量问题，请与出版社联系调换）

编 委 会

主　编：金　逵　李翠玲

编　委：李　吉　竭晓安　游焜炎

　　　　张世斌　杨　波　孙友斌

目录 CONTENTS

第四章　快乐体操教学文件

第五章　快乐体操竞赛组织与裁判

第一章　认识快乐体操

　　快乐体操以徒手或借助体操器械等多样化的练习手段，全面发展身体运动能力，同时让少年儿童感受运动所带来的快乐情绪体验。快乐体操根据少年儿童身心发展规律，倡导在保证安全的前提下，以健康快乐的运动理念和积极乐观的生活态度，让少年儿童在快乐中锻炼和学习，从而达到促进少年儿童身体各项能力发展的目的。

一、快乐体操的主要特点

（一）趣味性和安全性

　　快乐体操的教学对象主要是少年儿童，他们的身心发展还具有不完整性，所以快乐体操的教学过程更多的是以游戏为主，来吸引学生积极自觉地参与到运动中。快乐体操许多动作充满趣味性、娱乐性，如猩猩爬、熊猫滚动、圆木滚动、过独木桥等。这些体操练习生动形象，非常契合少年儿童的心理特征和年龄特征。

　　快乐体操练习器材是根据少年儿童的心理特点和身体特点来设计的，色彩多样，器材使用泡沫海绵等材料制成，柔软度增加、安全性提高。

（二）基础性和全面性

　　体操是"运动之父"，是其他运动项目的基础。学校快乐体操课中的跑跳、翻滚、爬行、平衡、悬垂、支撑、旋转、腾空、落地等动作，可以锻炼学生的灵活性、协调性，提高学生的身体平衡能力和自我保护意识。体育教学实践证明，练过体操的学生，在接触别的运动项目时，会比没有练过体操的学生好很多，上手快，学习能力强。

快乐体操练习的形式是多种多样的：可以是徒手方式的练习，如徒手体操、健身操和队列队形练习等；可以是借助于轻器械的练习，如跳绳、实心球、自创练习器材等；可以是专门器械上的练习，如体操垫、蹦床、单杠、跳箱等；可以是单人、双人或者集体形式进行。由于体操动作构成的元素可以根据需要进行排列组合，运用器械的丰富多样，决定了体操练习内容的丰富多彩。体操练习既有身体各部位的运动，又有力量、柔韧、灵敏、速度各方面素质的锻炼，使学生身体各个部分协调发展，达到健身与健美、健体与健心的全面均衡发展。快乐体操丰富的练习内容和全面的锻炼效果，为学校体育的教学提供了宝贵的素材，是学校体育不可或缺的重要组成部分。

（三）非竞技性和大众性

快乐体操的大众性是指参与对象的广泛性，在这一点上它与竞技体操有着本质的不同。竞技体操的参与者通常是教练员通过测试挑选出来的，具有良好运动天赋及竞技潜力的儿童，他们必须经过多年严格而系统的训练，目标是在所从事的体操专项中获取优异的运动成绩。而快乐体操则是面向大众的，对参与者没有特定的要求，只要喜欢都可以参与到快乐体操运动中来。大多数快乐体操的练习可以按照学生实际情况区分水平层次，动作可以根据练习需要递进加难，可以满足不同水平人群练习的需求。另外，由于内容丰富、形式多样，在伤病恢复期的特殊人群、感觉统合失调人群等也可以选择进行练习。在康复医疗中已经运用了大量的体操练习手段。因此，快乐体操适合于不同人群进行练习，具有普适性的特点。

二、快乐体操的发展

快乐体操在美国是颇受欢迎的运动项目。美国人整体热爱体育，也崇尚体育，每个学生都有自己喜欢或者擅长的体育运动。很多美国学生会选择体操作为自己的体育运动项目，这似乎成为美国的一种文化。在美国民众心目中，体操像钢琴、绘画一样，是培养学生兴趣爱好的一个重要选项，而且体操也像钢琴一样是有考级的，如果练到一定水平就能在进大学的时候作为体育特长申请加分，可以选择进入更好的大学深造和训练。

美国注册体操运动员人数达 10 万，参与业余体操训练的人数多达 520 万，他们练习体操完全出于个人爱好，每天训练 1~2 个小时。全美有 4000 多个体操俱乐部，每年举办 4000 多场不同规模的体操比赛，美国人可以通过多种途径参与到体操这项运动中来。目前，快乐体操运动在美国的发展已经具有了良好的群众基础和科学认知，并已顺利实现产业化。

快乐体操在加拿大也拥有良好的群众基础。加拿大有 700 多个体操俱乐部，参与快乐体操运动的人数将近 30 万，各级别的教练达到了 9000 余人。快乐体操是加拿大幼儿及儿童青少年的主要运动选项。

日本体操俱乐部超过了 100 家，仅男子体操选手就有 6000 人左右。日本结合中国、美国体操模式，通过业余体操俱乐部提高民众体操的参与度，然后从中挑选苗子接受专业训练并参加比赛。这种俱乐部模式在日本的运动员培养模式中发挥着举足轻重的作用，例如日本体操男队主力队员白井健三就是通过这种模式培养出来的。

全民健身计划的实施为我国快乐体操的发展提供了新的契机。2012 年国家体育总局体操运动管理中心提出了快乐体操的新理念。2014 年 7 月，国家体育总局体操运动管理中心联合八一体操队举办了全国首届快乐体操教练员和裁判员培训班，为期 3 天，来自全国各省市体育局体操中心、少体校、小学、幼儿园、体操俱乐部和北京体育大学共计 370 余名教练员、教师和学生参加了此次培训，由此拉开了快乐体操向全国推广的序幕，开辟了快乐体操在我国科学发展的新局面。

2014 年 12 月 21 日，由国家体育总局体操运动管理中心和中国体操协会主办的"2014 年青少年快乐体操高层论坛暨首家快乐体操俱乐部教学示范点英士博授牌仪式"在江苏省常州市成功举行。2014 年 12 月，全国首届快乐体操俱乐部联赛首次在广州花都体育馆举行，共有来自全国 14 个省市 40 多支代表队参加了比赛。2015—2016 年宜宾、佛山、广州、济南、仙桃、深圳、北京等地也相继举办了一系列区域性或全国性的分站赛。同时，国家体育总局体操运动管理中心还在常州、北京、深圳、武汉等地开办了一系列快乐体操辅导员培训班和初级教练员培训班，为快乐体操的发展提供人才支撑。经过近几年的不断实践和探索，国家体育总局体操运动管理中心制定了《全国快乐体操等级锻炼标准》，编写了《全国快乐体操等级锻炼标准教法指导》，拍摄了全国快乐体操等级规定动作演示视频，以此来推动快乐体操的普及，促进体操由小众走向大众，由纯竞技向健身娱乐的方向发展。

三、快乐体操进校园

榕江县是贵州省体操之乡，体操运动在这片土地上具有深厚底蕴。这里曾培育出林莉、肖莎、杨胜超、刘榕冰等体操世界冠军和全国冠军，涌现出一批优秀体操运动员，在国内外体操比赛中摘取奖牌600余枚。2014年12月，榕江县体操类项目进校园启动授牌仪式在县体育馆举行，榕江县一中、二中，古州一小、二小、民族中学以及县幼儿园等16所中小学及幼儿园被命名为体操类项目进校园首批示范校园，在课程安排上每周每班必须保证有一节体操课，让学生进行体操活动。在开展试点的基础上，"体操进校园"将逐步在全县中小学、幼儿园开展，让更多的学生享受到快乐体操带来的乐趣。

2014年4月，北京市教委下发了《北京市教育委员会关于成立高等学校、社会力量参与小学体育、美育发展工作领导小组的通知》，确定北京地区20所高等学校、8个社会单位首批参与13个区县143所小学的体育、美育工作，简称"高参小"工作。其中北京体育大学与中国农业大学附属小学、东北旺中心小学等5所小学签约合作，首都体育学院与和平里一小等5所小学签约合作。在这些签约合作的小学中，快乐体操作为一个特色项目进入校园，进入部分小学的体育课堂。在课程安排上，快乐体操首先在一年级开展，每个班级每周安排一节体操课，实行班级滚动式教学模式，最终惠及小学所有年级。根据年级不同，体操课的内容和难度也会有所不同。在个别小学还设有快乐体操社团，以满足快乐体操爱好者进一步学习的需要。这种高校参与小学体操课程教学的创新模式有效地促进了快乐体操在小学的开展，有利于学生更好地了解和体验体操运动，最终积极主动地参与到体操运动中。

　　2016 年 2 月，广东省佛山市禅城区教育局与北京体育大学、国家体育总局体操运动管理中心三方签约共建快乐体操推广实践基地。目前禅城区是全国首个快乐体操推广实践基地，禅城区将联手佛山市李宁体操学校，全力推进"快乐体操进校园"项目，使体操成为提升学生综合素质的切入点。建设快乐体操推广实践基地，是扩大我国参与体操人口基数、转变体育发展方式的有效途径。快乐体操进校园是促进我国体操事业持续健康发展的必然之路。传统体操之乡的引领、高校参与小学体操教学的尝试、快乐体操推广实践基地的建设等多种发展方式，将会形成一股强大的合力加快快乐体操进校园的步伐，让更多的学生参与到快乐体操这项运动中来，享受到快乐体操运动所带来的乐趣。

第二章　快乐体操教学内容及教法

一、垫上练习

1. 团身前后滚动

[练习目的]

发展平衡能力和身体协调能力。

[练习方法]

坐在垫上，屈膝团身，双手抱紧小腿。向后滚动至头颈部触垫，然后腹肌用力带动上体向前滚动至屈膝团身坐。往返为一次，连续完成5次左右，成屈膝团身坐结束。

[动作要求]

每次滚动尽量大腿贴紧腹部，保持团身紧凑。滚动连贯圆滑，后滚和前滚之间连接尽量不停顿。

[教学组织]

（1）教师示范，规定每组完成数量后学生开始同时练习或分几组轮流练习，一块中型体操垫可以2个人并列同时进行练习，以增加练习密度。

（2）可安排团身前后滚动游戏，例如几个学生为一组，由学生自觉完成5次动作，依次接力，增强趣味性以调动学生学习的积极性。

[安全提示]

布置垫子时前、后、左、右保持间距，避免学生相互磕碰。

2. 直体侧滚（圆木滚动）

[练习目的]

发展平衡能力、身体协调能力和感觉统合能力。

[练习方法]

双臂上举尽量贴近耳朵，仰卧于垫上。向左（或向右）连续
滚动 5 周左右结束。

[动作要求]

每次滚动身体尽量是一根"直棍"，减少收髋动作，保持在垫上一条直线滚
动，滚动连贯圆滑，尽量不停顿。

[教学组织]

（1）教师示范，规定每组完成数量后学生开始轮流练习。根据场地垫子数量，
学生分几组依次进行练习，以增加练习密度。

（2）可安排直体侧滚游戏，例如 5 个学生为一组，由学生依次自觉完成 5 周
动作进行接力赛，完成又快又好的组获胜，增强趣味性以调动学生学习积极性，
也增强了课堂练习密度。

（3）向左或向右滚动方向不同，可以分别进行练习。

[安全提示]

学生分组，垫子布置保持间距，依次练习时前后两人间隔 2 米左右距离，避免
相互磕碰。

3. 俯撑开始向前爬

[练习目的]

发展四肢协调能力，锻炼上肢支撑力量。

[练习方法]

屈体俯撑在垫上，手脚交替支撑向前爬行约 10 米结束。

[动作要求]

爬行时抬头看前方，保持异侧手、脚爬行，交替协调连贯，尽量快速通过。

[教学组织]

（1）教师示范，每组完成规定距离后学生开始依次轮流练习。根据场地垫子
数量，学生分几组同时练习，以增加练习密度。

（2）可安排俯撑爬行比赛游戏，例如 5 个学生为一组依次接力，由学生自觉完成动作，完成又快又好的组获胜，增强趣味性以调动学生学习积极性。

［安全提示］

学生分组，垫子布置保持间距，依次练习时前后两人间隔 2 ~ 3 米距离，避免相互磕碰。

4. 团身侧滚翻

［练习目的］

发展平衡能力和身体协调能力，提高自我保护能力。

［练习方法］

跪撑于垫上，滚动时顺势屈臂，团身低头，肩背部贴地面侧滚，向左（或向右）滚动，以跪撑姿势结束。

［动作要求］

每次滚动动作保持团身低头，每滚动一次还原至跪撑姿势，连续侧滚 5 次左右。尽量保持在垫子的中线上滚动，滚动连贯圆滑，滚动之间减少停顿。

［教学组织］

（1）教师示范，规定每组完成数量后学生开始轮流练习。根据场地垫子数量，学生分几组同时进行练习，以增加练习密度。

（2）可安排团身侧滚翻游戏，例如 5 个学生为一组，由学生依次自觉完成 3 次侧滚翻动作接力，完成又快又好的组获胜，增强趣味性以调动学生学习积极性。

（3）向左或向右滚动都可以进行练习。

［安全提示］

学生分组，垫子布置保持间距，依次练习时前后两人间隔 3 米左右距离，避免相互磕碰。

5. 分腿体前屈、并腿体前屈

［练习目的］

提高下肢后群肌肉和背肌的柔韧性。

［练习方法］

分腿体前屈：学生分腿坐于垫上，上体前屈，双臂尽量向前伸，胸腹部尽量贴近垫面。

并腿体前屈：学生并腿坐于垫上，上体前屈，双臂尽量向前伸，胸腹部尽量贴近大腿。

[动作要求]

（1）体前屈时膝关节尽量伸直减少弯曲，双臂尽量前伸。

（2）分腿体前屈胸腹部尽量贴近垫面，并腿体前屈胸腹部尽量贴近大腿。

[教学组织]

（1）教师示范，规定每组完成数量后学生开始轮流练习。根据场地垫子数量，学生同时或分组进行练习。

（2）可安排游戏活动性以调动学生学习积极性，例如，全体学生体前屈集体大声数十秒；全体学生体前屈由教师扮"老鹰"飞过上空，身体体位高的会被"啄"后背。

[安全提示]

学生分组，垫子布置保持间距，避免学生相互磕碰。

6. 原地直体跳转90°

[练习目的]

发展弹跳力和空中的身体控制能力。

[练习方法]

两脚并拢、两腿半蹲、两臂后下举开始。蹬地充分向上跳起的同时转体90°，同时两臂经体侧向前摆至上举（掌心相对）；落地时稍屈膝缓冲，同时两臂打开至平举。

[动作要求]

跳得高、身体直、转体正、落地稳。

[教学组织]

（1）让学生排成体操队形进行练习。可采取集体练习与分组练习交替的形式。

（2）先教原地直体跳，再教原地直体跳转90°；学会单个动作后，可尝试做2~4个连续的动作。

[安全提示]

（1）练习时要注意学生在空中时身体是否保持平衡，同时强调落地时要屈膝缓冲。

（2）注意练习场地的平整性，同时练习前充分热身，尤其是踝关节和膝关节。

7. 同手同脚侧向爬（螃蟹爬）

[练习目的]

发展四肢协调能力，锻炼上肢支撑力量。

[练习方法]

分腿屈体俯撑垫上，同侧手、脚侧向爬行，8～10米为一趟。先学习一个方向的爬行，掌握后再学习另一个方向的爬行，两个方向的爬行都掌握后还可练习往返爬行，例如向左爬行3次后接着向右爬行3次为一组。

[动作要求]

要求四肢协调配合，动作连贯，方向正、速度快。

[教学组织]

（1）将学生分成人数相等的几组，同向进行练习；同组前一名学生爬行1～2块垫子时后一名学生俯撑准备，前一名学生爬行2～3块垫子时后一名学生开始爬行。

（2）动作熟练后可安排接力比赛，以提高学生的练习积极性，同时提高练习密度和强度。

[安全提示]

同一排垫子之间不能有缝隙，要对齐、铺直；每排垫子之间要保持一定的距离，避免练习时学生出现拥挤现象。

8. 原地直体跳转180°×2次

[练习目的]

发展弹跳力和空中的身体控制能力。

[练习方法]

两脚并拢、两腿半蹲、两臂后下举开始。充分蹬地向上跳起的同时转体180°，同时两臂经体侧向前摆至上举（掌心相对）；落地时稍屈膝缓冲，同时两臂打开至侧举。

[动作要求]

跳得高、身体直、转体正、落地稳、节奏好。

[教学组织]

（1）让学生排成体操队形进行教学，可采取集体练习和分组练习交替的形式。

（2）先复习原地直体跳和原地直体跳转90°，然后再学习原地直体跳转180°；学会单个的原地直体跳转180°后，再学习原地直体跳转180°×2次。

[安全提示]

（1）练习时要注意学生空中身体是否保持平衡，强调落地时要屈膝缓冲，必要时可采取保护与帮助的手段。

（2）注意练习场地的平整性，练习前充分热身，尤其是踝关节和膝关节。

9. 屈膝仰撑后退爬

[练习目的]

发展四肢协调能力，锻炼上肢支撑力量。

[练习方法]

学生屈膝仰撑在垫上（两手、两脚与肩同宽），同侧手、脚后退爬行，8～10米为一趟。

[动作要求]

四肢协调配合，动作连贯，方向正、速度快。

[教学组织]

（1）将学生分成人数相等的几组，同向进行练习；同组前一名学生爬行2～3块垫子时后一名学生仰撑准备，前一名学生爬行3～4块垫子时后一名学生开始爬行。

（2）动作熟练后可安排接力比赛，以提高学生的练习积极性，同时提高练习密度和强度。

[安全提示]

同一排垫子之间不能有缝隙，要对齐、铺直；每排垫子之间要保持一定的距离，避免练习时出现拥挤现象。

10. 屈膝仰卧起坐

[练习目的]

锻炼腹肌力量。

[练习方法]

屈膝仰卧垫上，两脚并拢，双手置于头后（抱头）；同伴蹲于学生前面，双手握其踝关节帮助固定其双脚。由仰卧抱头姿势起上体至坐姿算完成一次。

[动作要求]

每次都要从屈膝仰卧抱头姿势（两手应当贴在垫面上）开始，仰卧起坐至躯干至垂面算完成一次。

[教学组织]

（1）将学生分成两大组，一组练习，另一组协助练习（固定双脚）。完成一组后相互交换。

（2）学生按一定间隔和距离横卧在几排垫子上，集体进行练习。

[安全提示]

（1）学生在向后仰卧时要注意控制速度，防止头、手撞击地面造成伤害事故。协助练习的学生要避免上体过于前倾，避免与学生碰头。

（2）垫子的摆放及学生的练习队形要注意保持安全距离。

11. 分腿坐滚动转体90°和180°（陀螺转）

[练习目的]

发展滚动转体能力和空间定向能力。

[练习方法]

分腿坐，两手从下面托握膝关节开始。

（1）先后滚至臀部离地，接着保持分腿屈体姿势向右滚动转体90°至右侧身体（右腿和上体）着地，再下压左腿起成分腿坐结束。可连续做2～4次。

（2）先向左滚至左侧身体着地，接着保持分腿屈体姿势向右滚动转体180°至右侧身体（右腿和上体）着地，再下压左腿起成分腿坐结束。可连续做2～4次。上述练习均可向两个方向做，一个方向学会了再学习另一个方向的动作。

[动作要求]

保持分腿屈体姿势，滚动转体连贯，方向控制准确。

[教学组织]

（1）2～3人一组轮流进行练习，每组1～2块垫子，垫子摆放整齐（一排或两排）。

（2）可统一口令集体进行练习，也可各组单独练习。

（3）教学步骤。①分腿坐滚动转体90°：分腿屈体向右后滚动转体90°至右侧身体（右腿和上体）着地，还原分腿坐，连续 4 次。②分腿坐滚动转体 180°：分腿屈体向右后滚动转体 180°至右侧身体（右腿和上体）着地，还原分腿坐，连续 2 次。

［安全提示］

（1）垫子的摆放要注意保持前、后、左、右安全距离。

（2）教学中注意区别对待，对于个别方位感差的学生可多做慢动作练习或分解练习。

12. 原地挺身跳（并腿、分腿）

［练习目的］

发展弹跳力，掌握挺身跳技术。

［练习方法］

两腿并拢半蹲，两臂后下举（掌心相对）。两脚充分蹬地跳起，同时两臂向前经体侧摆至侧上举，空中稍抬头、挺身（分腿挺身时两腿向侧后方分开）；然后主动向前收腿（并腿）落地，稍屈膝缓冲站稳。

［动作要求］

高、展、直、稳。

［教学组织］

（1）以体操队形进行练习，可集体练习和分组练习交替进行。

（2）先学习分腿挺身跳，后学习并腿挺身跳。

（3）教学时应强调充分蹬直膝关节跳起，空中必须保持直腿姿势。

［安全提示］

（1）须在平整的地面上练习。

（2）练习前检查学生鞋子是否合适，鞋带是否系紧。

13. 前滚翻成直角坐

［练习目的］

提高灵敏性和方位感，初步掌握前滚翻的动作技能。

［练习方法］

由蹲撑开始，蹬地提臀、屈髋同时屈臂、低头重心前移，头于两手正前方着地前滚，当肩背着地时主动放腿、立上体成直角坐，两臂侧平举。

[动作要求]

圆滑、方向正，蹬直腿前滚。

[教学组织]

(1) 2~3 人一组轮流进行练习，每组 1 块垫子，垫子摆放整齐（一排或两排）。

(2) 可统一口令集体进行练习，也可各组单独练习。

[安全提示]

(1) 垫子的摆放要注意保持前、后、左、右安全距离。

(2) 热身时头颈部位要充分活动开。

(3) 教学中注意区别对待，对于个别不敢做的学生应加强保护与帮助。

14. 单腿站立平衡（前、侧、后）

[练习目的]

发展单腿站立的平衡能力。

[练习方法]

直立，两手叉腰（或两臂侧平举），一腿缓慢前下举（或侧下举或后下举），保持静止姿势不动 5 秒以上。

[动作要求]

膝关节、脚尖绷直举至 45°或 45°以上（后下举可降低要求），上体立直。

[教学组织]

(1) 以体操队形进行练习，可集体练习与分组练习交替进行。

(2) 静止时间可逐步延长，最后可采用比赛的方式进行。

[安全提示]

(1) 热身时应将髋部充分活动开。

(2) 练习时可左右腿交替进行，以避免髋部负荷过重。

15. 直角坐经单肩后滚翻成跪

[练习目的]

提高灵敏性和方位感，初步掌握经单肩后滚翻的动作技能。

[练习方法]

由直角坐、两臂侧平举开始。先体前屈两手触脚背，接着向左倒头、后滚，同时收腹、举腿、翻臀，两臂撑垫；经右肩后滚成跪姿（也可向右倒头经左肩）。

[动作要求]

方向正、经单肩、直腿后滚。

[教学组织]

（1）2~3人一组轮流进行练习，每组1块垫子，垫子摆放整齐（一排或两排）。

（2）直角坐，两臂侧平举练习向左倒头的动作（上体保持正直，左耳找左肩）。

（3）练习动作的前半部：向左倒头的同时后滚、收腹、举腿、翻臀至脚尖在右肩的正后方触垫，两臂撑垫（不翻过去）。注意向左倒头时要控制好上体后滚及收腹、举腿的方向。

（4）可统一口令集体进行练习，也可各组单独练习。

[安全提示]

（1）垫子的摆放要注意保持前、后、左、右安全距离。

（2）热身时头颈部位要充分活动开。

（3）教学中注意区别对待，对于个别不敢做的学生应加强保护与帮助（站于侧后方，当学生后滚、收腹、举腿时两手托其两髋，向后上方提拉帮其后滚）。

16. 团身前滚翻—挺身跳

[练习目的]

提高灵敏性和方位感，基本掌握前滚翻的动作技能。

[练习方法]

蹲撑开始，蹬腿同时屈臂、低头、含胸重心前移，头在两手的正前方着垫，由头顶经头后、肩背依次着垫屈体前滚；当肩背着垫后迅速跟上体、团身、抱腿前滚起成蹲。

[动作要求]

要求滚翻圆滑、方向正，经直腿过程。

[教学组织]

（1）建议2~4人一组，每组1块垫子，将5~6块垫子排成一排，全班分成面对面的两排，教师在中间进行教学，注意各组及两排垫子之间的安全距离。

（2）各组2~4人排好队伍，按顺序听口令轮流进行练习。

（3）先复习"前滚翻成直角坐"（着重体会蹬直腿前滚的技术）；然后练习"抱腿全蹲开始，后滚、收腹、举腿、翻臀至屈体仰卧姿势（手在肩后撑垫，腿伸直，仅头和肩背着垫），再快速团身、抱腿前滚起成蹲"（重点体会团身抱腿前滚起技术）；最后进行完整动作练习。

[安全提示]

（1）练习前一定要充分活动头颈部，以防受伤。

（2）对于个别胆小或完成动作有困难的学生应加强保护与帮助。

（3）练习时要严格课堂的组织管理，要统一动作方向、统一轮换顺序及行走路线、统一口令进行练习，确保练习安全。

17. 燕式平衡

[练习目的]

发展单腿站立的平衡能力和身体姿势的控制能力。

[练习方法]

直立，两臂侧平举开始。重心移至支撑腿，另一腿绷直膝关节，脚尖缓慢向后举起，同时稍抬头、挺胸，上体相应前屈，直至后腿举至最大幅度，保持静止姿势2秒。

[动作要求]

两腿绷直，身体呈最大背弓，脚高于头，静止2秒。

[教学组织]

（1）体操队形进行练习，可集体练习与分组练习交替进行。

（2）初学时可2人一组，在助力下完成练习（帮助方法：站于学生支撑腿的同侧后方，一手从腋下托其前胸，另一手托其后举大腿。）

[安全提示]

（1）练习前要进行腿部柔韧性的拉伸练习，充分活动身体。

（2）注意避免局部负荷过重，可左、右腿轮换练习。

18. 双人配合斜面支撑

［练习目的］

锻炼上肢支撑力量和腰腹力量。

［练习方法］

两人前后站立（约一臂半距离）。学生两手同肩宽撑地，五指张开；然后一腿后举让同伴握其踝关节固定在腰的一侧，接着另一腿后举让其同伴的另一手握其踝关节固定在腰的另一侧，然后逐渐伸直两腿和身体，保持斜面支撑姿势静止约 20 秒。动作结束时先一脚落地，然后再落另一脚。

［动作要求］

含胸、直臂、顶肩，直腿、紧腰、直体。

［教学组织］

（1）两人一组体操队形听口令集体进行练习，两人相互配合轮流进行练习。

（2）按三个节拍统一口令进行练习，"1"：两手撑地同时调整好两脚的位置；"2"：先举起一条腿让同伴帮助固定在其腰侧；"3"：举起另一条腿让同伴帮助固定在其腰的另一侧。之后教师或学生开始数 15 ~ 20 秒。

［安全提示］

（1）练习时要严格课堂的组织管理，统一口令进行练习，强调两人的配合，确保练习安全。

（2）静止时间的长短要因人而异，并循序渐进，同时要掌握好一次课的练习总次数。

（3）要在平整干净的地面进行练习，在极热或极冷天气里应尽量避免在水泥地上练习。

19. 直角坐，后滚成肩肘倒立

［练习目的］

提高灵敏性和方位感，初步掌握肩肘倒立的动作技能。

［练习方法］

从两腿伸直并拢直角坐，两臂侧平举开始。先体前屈，两手触脚背，接着上体后滚的同时向后上方举腿、翻臀，当重心接近头上垂面时积极向上伸腿、伸髋挺直身体，同时屈臂、夹肘，用两手托住肩背部，成肩肘倒立，静止 2 秒。

[动作要求]

后背尽量离垫，身体挺直与地面垂直，静止 2 秒。

[教学组织]

（1）建议 2~4 人一组，每组 1 块垫子，将 5~6 块垫子排成一排，全班分成面对面的两排，教师在中间进行教学，注意各组及两排垫子之间的安全距离。

（2）先练习"直角坐，后滚成肩臂倒立"（体会正确的举腿方向和准确的挺身时机），再学习完整动作。

（3）初学完整动作时可在助力下完成（帮助方法：站于学生侧后方，当其后滚举腿时两手握其两脚踝关节，在其挺身同时向上提拉，帮助其完成挺身动作。）

[安全提示]

（1）练习前要充分活动身体，尤其是头颈部。

（2）练习时要严格课堂的组织管理，要统一动作方向、统一轮换顺序及行走路线、统一口令进行练习，确保练习安全。

（3）对于个别颈部柔韧性差的学生，注意不要用过大外力强行使其达到"身体挺直与地面垂直"的练习要求。

20. 团身后滚翻

[练习目的]

提高灵敏性和方位感，初步掌握团身后滚翻的动作技能。

[练习方法]

从蹲撑开始（两脚并拢全蹲，低头含胸）。先重心微微前移，接着推手顺势团身快速后滚（提膝、收腹、翻臀），同时积极屈臂、抬肘、夹肘、翻腕使两手尽早于两肩后撑垫；当重心接近头上垂面时加速翻臀，同时两手积极撑推垫子，保持团身姿势经头翻转落地成蹲撑。

[动作要求]

团身紧、方向正、滚翻圆滑。

[教学组织]

（1）建议 2~4 人一组，每组 1 块垫子，将 5~6 块垫子排成一排，全班分成面对面的两排，教师在中间进行教学，注意各组及两排垫子之间的安全距离。

（2）先学习动作的前半部（团身后滚至臀部接近头上垂面，两手于两肩后撑垫），体会团身后滚及撑手技术；再学习完整动作。

（3）初学完整动作时可在助力下完成（帮助方法：两腿分开站于学生侧后方，当其后滚时两手托其髋关节向上提拉，帮助其完成滚翻）。

［安全提示］

（1）练习前要充分热身，尤其是头颈部。

（2）练习时要严格课堂的组织管理，要统一动作方向、统一轮换顺序及行走路线、统一口令进行练习，确保练习安全。

（3）掌握好练习次数，避免头颈部负荷过重。

21. 跪跳起

［练习目的］

发展上下肢的协调性，掌握跪跳起的动作技能。

［练习方法及要求］

从跪立、两臂前平举开始。先稍屈髋后坐、两臂后引，接着两臂快速摆至前平举制动，同时积极立上体和下压两小腿（立髋、伸膝），提气向前上方跳起，然后提膝、收腿成站立（或半蹲）。

［辅助练习］

（1）小腾空的跪跳练习（体会发力时全身尤其是上、下肢的协同配合）。

（2）由高往低做：跪立于2块垫子边沿（约10厘米高），跪跳起落于较低垫子上。

（3）助力下练习完整动作。

［安全提示］

（1）保护与帮助：蹲于学生侧后方，两手托其腰帮助学生向前上方腾起。

（2）该动作应在技巧垫上进行练习。

（3）做"辅助练习1"时，要注意提醒学生不要过分用力，以体会全身尤其是上、下肢的协同用力为主。

22. 蹬摆成靠墙手倒立（靠墙、助力下）

[练习目的]

发展上肢力量及倒立时的方位感，掌握蹬摆成倒立的动作技能。

[练习方法及要求]

面对平整的墙面，前弓步（蹬地腿在前弯曲，摆动腿在后伸直），含胸、两臂前下举，适当屈髋提臀，两手在前撑地（两手同肩宽，指尖距离墙面约一掌宽度，手臂与地面垂直，五指张开扒地），抬头，眼看前下方。后腿伸直向后上方摆起的同时前腿蹬离地面，顶住肩使身体以肩为轴"立"起，当摆动腿脚靠墙后蹬地腿伸直并上至两脚靠墙；充分顶肩，伸直身体，保持静止不动。除两脚靠墙外，身体其他部位均不得靠在墙上。

[辅助练习]

（1）面对墙摆好正确的开始姿势，固定两肩，练习后摆腿和蹬地（蹬地脚稍稍离开地面），体会两臂支撑顶住两肩及蹬地、摆腿的协调配合。

（2）在保护帮助下进行完整动作练习。

[安全提示]

（1）保护与帮助：站于学生侧前方（与摆动腿同侧），当学生后摆腿时先一手托其大腿帮助后摆，然后两手扶其大腿两侧帮助靠墙倒立。

（2）练习时强调两肩要固定住（始终保持与地面垂直），蹬摆腿时抬头看手不能低头；手指与墙的距离以手臂与地面垂直稍抬头时头顶几乎触墙为准。

（3）靠墙放上垫子进行练习，注意保护与帮助，尤其是体重大、上肢力量差的学生。

23. 团身前滚翻—蹲转180°—团身后滚翻成跪—跪跳起—挺身跳

[练习目的]

学习成套动作技术，掌握技巧连接技术。

[练习方法及要求]

从蹲撑开始，依次完成上述动作。除第一个动作外，成套中前一个动作的结束姿势就是下一个动作的开始姿势。

［辅助练习］

（1）练习前一定要充分活动头颈部，做垫上团身"不倒翁"练习。

（2）可先学习动作组合，再完成成套动作，如团身前滚翻—蹲转—团身后滚翻，跪跳起—挺身跳。

［安全提示］

（1）保护与帮助：站于学生侧后方，两手托其腰帮助学生向前上方腾起。

（2）帮助方法：两腿分开站于学生侧后方，当其后滚时两手托其髋关节向后上方提拉，帮助其完成滚翻。

二、蹦床练习

1. 叉腰跳（冰棍跳）

［练习目的］

发展空中平衡能力和下肢弹跳能力。

［练习方法］

站在蹦床上，两手叉腰，身体保持正直，两膝微屈发力，借助蹦床的弹性连续跳起 10～15 次，最后一次落下时微屈膝缓冲站稳结束。

［动作要求］

每次跳起离网高于 10 厘米，脚踝用力，空中时身体要有明显的绷紧控制，落网时并腿微屈膝。

［教学组织］

（1）教师示范，规定每组完成数量后学生开始轮流练习，一张中型儿童蹦床可以 2 个人面对面或并排同时进行练习，以增加练习密度。

（2）同时可安排另一项练习，例如在地面的并腿跳，由学生数 20 次自觉完成，模仿蹦床上的脚踝用力动作。

（3）如果有 2 张蹦床可采用竞赛方式调动练习积极性，例如以 2 人为一组看哪一组完成的又高又稳。

［安全提示］

（1）按照规定的蹦床位置站位，听到教师的口令后开始练习，也可以让学生自己喊口令或口号。

（2）学生上蹦床练习时要反复强调控制身体、做原位置的叉腰跳。

（3）提醒学生注意控制脚踝用力。

2. 向侧分腿跳

[练习目的]

发展空中身体平衡能力和四肢协调能力。

[练习方法]

站在蹦床上，两手自然下垂于大腿两侧。两膝微屈发力，身体保持正直，借助蹦床的弹性跳至空中侧向分腿，两臂侧平举或前平举，并腿落网两臂自然下垂。重复同样动作 10～15 次左右，最后一次双脚落网时微屈膝双臂前平举，站稳后两臂平举站立结束。

[动作要求]

（1）每次跳起离网至少高于 10 厘米，空中分腿时不屈膝。

（2）学生上蹦床练习时要反复强调控制身体、做原位置的分合跳。

[教学组织]

（1）教师示范，规定每组完成数量后学生开始轮流练习，一张中型儿童蹦床可以 2 个人面对面同时进行练习，以增加练习密度。

（2）其余学生可安排另一练习，模仿蹦床上的练习动作，在地面进行侧向开合跳，由学生数 20 次自觉完成。

[安全提示]

（1）考虑到学生跳起高度有限，所以空中分腿开度不需要太大，以保证双脚落网前能够并拢。

（2）多名学生上蹦床练习时，教师要反复强调身体控制、做原位置的分合跳，不要跳到旁边学生的区域造成干扰。

3. 前后分腿跳

[练习目的]

发展空中身体平衡能力和四肢协调能力。

[练习方法]

学生两膝微屈发力，身体保持正直，借助蹦床的弹性跳至空中

前后分腿，两臂侧平举，并腿落网，再次跳至空中前后分腿，并腿落网。重复同样动作 10 ~ 15 次左右，最后一次双脚落网微屈膝缓冲，站稳后侧平举站立结束。

［动作要求］

（1）每次跳起离网高于 10 厘米，空中分腿时不屈膝。身体要有明显的控制表现。

（2）学生上蹦床练习时教师要反复强调控制身体、做原位置的前后分合跳。

［教学组织］

（1）教师示范，规定每组完成数量后学生开始轮流练习，一张中型儿童蹦床可以 2 个人并排同时进行练习，以增加练习密度。

（2）其余学生可安排模仿蹦床上的练习动作，在地面进行前后开合跳练习，由学生数 20 次自觉完成。

［安全提示］

（1）空中分腿开度不需要太大，以保证双脚落网前能够并拢。

（2）按照规定的蹦床位置站位站好，要求 2 个蹦床上所有的学生根据口令（哨音）统一起跳和结束。

（3）3 ~ 4 名学生上蹦床练习时，教师要反复强调身体控制、做原位置的前后分合跳，不要跳到旁边学生的区域造成干扰。

4. 两臂上举跳

［练习目的］

发展平衡能力和身体协调能力。

［练习方法］

学生站在蹦床上，两臂上举与肩同宽，两手五指并拢，掌心向前。微屈膝发力向上跳起，连续完成 5 次，成微屈膝两臂前平举站稳结束。

［动作要求］

每次跳动时全身保持紧张，腹肌收紧不能挺腹部。

［教学组织］

（1）教师示范，可安排先在地面进行两臂上举跳的练习，由学生自觉完成数 5 次动作依次接力，增强趣味性以调动学生学习的积极性。

（2）学生示范，4 名学生在一张蹦床完成规定练习，然后安排学生分组轮流练习，使用 2 个中型蹦床，保证安全的同时以增加练习密度。

［安全提示］

（1）按照规定的蹦床位置站好，听到教师的口令后开始练习，也可以让学生自己喊口令或口号。

（2）学生上蹦床练习时，教师要强调控制身体，每一次落点尽量在原地。

5. 带臂跳

［练习目的］

发展空中身体控制力和平衡能力。

［练习方法］

站在蹦床上两臂下垂预跳 2～3 次，然后跳起的同时两臂经身体两侧到上举位置，掌心向前。跳至最高点开始落下的同时顺势两臂返回至大腿两侧。连续做 5 次，最后 1 次落下时微屈膝缓冲成两臂侧平举结束。

［动作要求］

每次跳动至最高点下落时全身保持紧张，腹肌收紧不能挺腹部。

［教学组织］

（1）教师示范，辅助练习安排在地面，练习带臂跳连续 5 次，例如几个学生为一组，由学生自觉完成数 5 次动作依次接力，增强趣味性以调动学生学习的积极性。

（2）学生示范，4 名学生在一张蹦床完成规定练习，然后安排学生分组轮流练习，使用 2 个中型蹦床，保证安全的同时以增加练习密度。

［安全提示］

（1）按照规定的蹦床位置站好，听到教师的口令后开始练习。

（2）学生上蹦床练习时要反复强调控制身体，每一次落点尽量在原地。

（3）蹦床上的学生根据口令统一做起跳和结束的动作（可让学生自己喊口令或口号）。

6. 跳转90°

［练习目的］

发展平衡能力和空中转体的身体控制能力。

［练习方法］

站在蹦床上两臂下垂预跳 2～3 次，然后跳起的同时在空中转体 90°落在原地；再预跳 2～3 次，然后跳起的同时在空中转体 90°落在原地。重复完成 4 次左右，最后落下时微屈膝站稳两臂侧平举结束。

［动作要求］

（1）每次跳动时全身保持紧张，腹肌收紧不能挺腹部。

（2）学生上蹦床练习时教师要反复强调控制身体、做原位置的跳转。

［教学组织］

（1）教师示范，可安排在地面模拟练习，预跳 3 次接跳转 90°。

（2）学生示范，4 名学生在一张蹦床完成规定练习，然后安排学生分组轮流练习，一张蹦床可 2 名学生同时练习，保证安全的同时以增加练习密度。

［安全提示］

（1）按照规定的蹦床位置站好，2 个蹦床上的学生根据口令（哨声）统一开始和结束。

（2）学生上蹦床练习时教师要反复强调控制身体、每一次落点尽量在原地，不要跳到旁边学生的区域造成干扰。

7. 团身跳

［练习目的］

发展平衡能力和空中转体的身体控制能力。

［练习方法］

站在蹦床上两臂下垂跳或带臂跳，预跳 2～3 次，然后跳起同 时在空中完成吸腿抱膝团身动作，在最高点快速打开身体落回原地。连续做 5 次。最后 1 次落下时微屈膝缓冲成两臂侧平举站稳。

［动作要求］

每次跳起在上升过程中，要在接近最高点时完成收腹吸腿至 90°，然后迅速伸直身体，保持此姿势直至与蹦床网面接触。在此过程中要梗头、屏气、收腹和展体后保持身体伸直姿态，控制空中身体姿态。

［教学组织］

（1）辅助练习安排在地面，练习团身跳连续 5 次多组。如几个学生为一组，由学生自觉完成数 5 次动作，依次接力，增强趣味性以调动学生学习的积极性。

（2）教师示范后，学生示范，4 名学生在一张蹦床完成规定练习。然后安排学生分组轮流练习，使用 2 个中型蹦床，保证安全的同时以增加练习密度。

［安全提示］

（1）按照规定的蹦床位置站好，听到教师的口令后开始练习，学生根据口令统一做起跳和结束动作，可以让学生自己喊口令或口号。

（2）学生上蹦床练习时教师要反复强调控制身体，每一次落点尽量在原地。

8. 跳转180°×4 次

［练习目的］

发展平衡能力和空中转体的身体控制能力。

［练习方法］

学生站在蹦床上，两臂下垂预跳 2 ~ 3 次，然后跳起同时在空中转体 180°落在原地。连续完成 4 次，每次跳转 180°之前可以预跳 2 ~ 3 次。最后结束落下微屈膝两臂侧平举站稳结束。

［动作要求］

每次跳动时全身保持紧张，腹肌收紧不能挺腹部。

［教学组织］

（1）教师示范，可安排在地面练习跳转 180°连续 4 次。

（2）学生示范，规定每组完成数量后学生开始分组轮流练习，使用 2 个中型蹦床，保证安全的同时尽量增加学生练习密度。

［安全提示］

（1）一张蹦床最多 2 名学生同时练习。按规定的蹦床位置站好，听到教师的口令后开始练习。

（2）学生上蹦床练习时教师要反复强调控制身体，每一次落点尽量在原地。

9. 带臂跳 2 次，分腿跳 1 次（联合动作循环）

［练习目的］

发展空中身体控制能力和平衡能力。

［练习方法］

站在蹦床上跳起的同时两臂经身体两侧到上举，掌心向前。两

臂落下顺势经原路返回至大腿两侧。连续做 2 次，然后做 1 次空中分腿跳并腿落网。联合动作循环 2～3 次，最后落下微屈膝缓冲成两臂侧平举站稳结束。

［动作要求］

每次跳动至最高点，下落时眼睛向下看落点，同时全身保持紧张，腹肌收紧不能挺腹部。

［教学组织］

（1）教师示范，规定每组完成数量后学生开始同时练习或分组轮流练习，使用 2 个中型蹦床，保证安全的同时以增加练习密度。

（2）可安排在地面练习带臂跳 2 次然后再做 1 次分腿跳，循环进行。

［安全提示］

（1）一张蹦床最多 2 名学生同时练习。按规定的蹦床位置站好，听到教师的口令后开始练习，也可让学生自己喊口令或口号。

（2）学生上蹦床练习时教师要强调控制身体，每一次落点尽量在原地。

10. 分腿坐弹起

［练习目的］

发展平衡能力和在空中协调控制身体的能力。

［练习方法］

站在蹦床上预跳 1～2 次，脚离开网面约 10 厘米，收腹屈髋两腿分开，使腿与躯干成略小于 90°角，保持此姿势与蹦床网面接触，同时两手置于大腿两侧帮助控制坐网姿势，借助蹦床的弹性还原成屈膝站立或半蹲姿势。接缓冲跳，重复练习。

［动作要求］

每次坐网时全身保持紧张，腹肌收紧，目视前下方，同时梗头、屏气，两臂协调配合控制平衡。保持腿与躯干成略小于 90°的角。

［教学组织］

（1）准备练习可安排在地面，分腿坐厚海绵垫，练习梗头、屏气。

（2）教师示范，学生按照规定的蹦床位置站好，听到教师的口令后开始练习。

［安全提示］

（1）下落触网时，嘱咐学生一定要梗头、屏气，保持躯干成一个略小于 90°的角，绝不能仰头，避免造成颈部拉伤。

（2）一张蹦床最多 2 名学生同时练习。

11. 并腿坐弹起

［练习目的］

发展下肢及躯干的协调控制能力，在空中控制身体的能力。

［练习方法］

站在蹦床上可预跳几次，脚离开网面约 20 厘米，跳至空中，以髋关节为中心收腿，伸直膝关节使腿与躯干成略小于 90°的角，保持此姿势直至与蹦床网面接触，弹起后可屈膝成站立或半蹲，再接缓冲跳。

［动作要求］

空中落下时，要梗头、屏气、腹肌用力，保持腿与躯干成略小于 90°的角，伸直膝关节，控制空中身体姿态。

［教学组织］

（1）因蹦床练习不适合保护与帮助，如有 30 ～ 40 厘米的厚海绵软垫可在上面进行辅助练习——并腿坐弹起的空中下落至触网阶段。

（2）教师讲解并示范，学生同方向依次轮流上蹦床进行练习。初学者从坐姿弹起时，可再让学生弹起后成鞠躬姿势。

［安全提示］

（1）空中落下时，不能仰头，否则可能会造成颈部损伤。

（2）落下触网时，嘱咐学生一定要屏气，保持腿与躯干成一个略小于 90°的角，以臀部先接触网面。这样容易从坐姿弹起来。

12. 并腿跪弹起

［练习目的］

发展下肢及躯干的协调控制能力，在空中控制身体的能力。

［练习方法］

站在蹦床中心，可预跳几次，脚离开网面 20 ～ 30 厘米，不要跳太高，跳至空中，下落时小腿后屈尽量与大腿成 90°直角同时绷脚尖，直至与蹦床网面接触，弹起后自然伸直小腿，微屈膝可直接成站立姿势也可接缓冲跳。

[动作要求]

空中落下时，目视前方或前下方，同时梗头、屏气，小腿后屈绷脚尖，直至接触网面后弹起成站立姿势。在此过程中要梗头、屏气、后屈小腿、绷脚尖以控制空中身体姿态。

[教学组织]

（1）教师讲解并示范，学生同方向依次轮流上蹦床进行练习。

（2）因蹦床练习不适合保护与帮助，如有30～40厘米的厚海绵软垫可在上面进行辅助练习——跪弹起的空中下落至触网阶段。

[安全提示]

（1）空中落下时，绝不能仰头，仰头姿势落下可能造成颈部损伤。

（2）空中落下时，嘱咐学生一定要绷脚尖，以脚背触网，如果勾脚触网可能造成弹起时向前扑倒。

（3）落下触网时，嘱咐学生一定要髋关节伸直同时屏气，如果受力点不能与躯干保持一条直线，可能从跪姿弹不起来。

（4）如果学生身体素质较差，可从小跳但脚不离网面的状态做收小腿跪弹起。

13. 并腿跪弹转体90°

[练习目的]

发展下肢及躯干的协调控制能力，在空中控制身体的能力。

[练习方法]

站在蹦床预跳几次，脚离开网面约20厘米，下落时小腿后屈，与大腿成90°直角，同时绷脚尖，目视前方同时梗头、屏气，与蹦床网面接触弹起后主动伸直小腿，同时躯干转体90°，成站立姿势。

[动作要求]

（1）空中落下时，目视前方同时梗头、屏气，小腿后屈绷脚尖，直至触网面后弹起并转体成站立姿势，注意控制空中身体姿态。

（2）落下触网时，一定要髋关节伸直同时屏气，如果受力点不能与躯干保持一条直线，可能从跪姿弹不起来。

[教学组织]

（1）如有30～40厘米的厚海绵软垫可在上面进行辅助练习——跪弹起的空中

下落至触网阶段。

（2）教师讲解并示范，学生同方向依次轮流上蹦床进行练习。

[安全提示]

（1）空中落下时不能仰头，仰头姿势弹网可能造成颈部损伤。

（2）空中落下时，要绷脚尖以脚背触网，如果勾脚触网可能造成弹起时向前扑倒。

（3）在动作掌握不熟练时，转体后可以看着网面落网成站立或接缓冲跳。

14. 并腿坐弹起转体 90°

[练习目的]

发展下肢及躯干的协调控制能力，在空中控制身体重心的能力。

[练习方法]

站在蹦床中心预跳几次，脚离开网面约 20 厘米，跳至空中以髋关节为中心收腿，伸直膝关节使整条腿与躯干成略小于 90° 的角，保持此姿势直至与蹦床网面接触，弹起同时以脚带动躯干转体 90°，成站立姿势或半蹲。重复练习。

[动作要求]

空中落下时，目视前下方同时梗头、屏气，伸直膝关节，控制空中身体姿态。

[辅助练习]

（1）动作不熟练时，在弹起后转体 90° 可以看着网面落网成站立或半蹲姿势，再接缓冲跳。

（2）如有 30～40 厘米的厚海绵软垫，可在上面进行辅助练习——并腿坐弹起的空中下落至触网阶段。

[安全提示]

（1）空中落下时不能仰头，仰头姿势落下可能会造成颈部损伤。

（2）空中落下时，要求学生一定要腹肌用力，保持腿与躯干成略小于 90° 角，提示学生一定要屏气以臀部先接触网面，这样容易从坐姿弹起来。

15. 吸腿跳（团身）转体 180°接缓冲跳

[练习目的]

发展协调、平衡能力以及在运动中协调控制身体的能力。

[练习方法]

蹦床网上站立，预备跳 2 ~ 3 次，跳至空中吸腿团身，同时转体 180°后迅速伸腿落网，接缓冲跳后站稳。

[动作要求]

空中转体 180°转体发力时不能高低肩，腹肌收紧。缓冲跳再次弹起高度要尽量低，为落网上站稳创造条件。

[辅助练习]

地面原地吸腿跳转 180°进行模拟练习：原地跳 2 ~ 3 次，第 3 次跳至空中吸腿团身跳同时转体 180°，落地站稳。

[安全提示]

在地面辅助练习时，教师或保护的学生可站在做动作学生身后位置，距离为不影响其做动作为宜，在学生落地角度不正及站不稳时保护其不摔倒。

16. 直体跳转 360°接缓冲跳

[练习目的]

发展协调、平衡能力以及在运动中协调控制身体的能力。

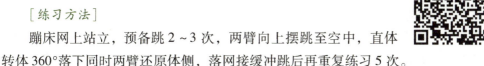

[练习方法]

蹦床网上站立，预备跳 2 ~ 3 次，两臂向上摆跳至空中，直体转体 360°落下同时两臂还原体侧，落网接缓冲跳后再重复练习 5 次。

[动作要求]

空中直体转体 360°时身体绷直，尽量不歪斜。直体转体 360°时两臂上举，全身收紧，转体发力时不能高低肩。

[辅助练习]

地面原地直体跳转 360°进行模拟练习：原地直腿跳 2 ~ 3 次，第 3 次跳至空中直体转体 360°，落地时再跳一次缓冲跳，落地站稳。

[安全提示]

在地面辅助练习时，教师或保护的学生可站在做动作学生身后位置，距离为不影响其做动作为宜，在学生落地角度不正及站不稳时保护其不摔倒。

三、单杠练习

1. 直腿收腹脚着地，双手抓杠悬垂 10～15 秒

[练习目的]

锻炼上肢悬垂力量，发展手臂抓握能力。

[练习方法]

双手五指并拢或虎口张开抓杠均可，双臂伸直悬垂，直腿收腹收髋，双脚脚跟着地，下肢适当支撑借力。

[动作要求]

身体悬垂于杠下，保持上体垂直于地面，双手用力抓杠，握力十足，双肩放松下沉。

[教学组织]

（1）教师示范，讲解动作要点并提出要求。

（2）为提高学生练习密度，一副单杠可 2～3 人同时进行练习。其余学生可安排简单的身体素质练习，例如原地跳、立定跳、单脚跳等。

（3）分组轮流交替进行练习。由教师口哨指挥起止，或练习保持时间由学生自己大声数秒。

[安全提示]

（1）教师双手抓住学生前臂腕关节部位，适当用力帮助其延长悬垂练习时间。

（2）结束练习先屈膝收腿成站立，然后再放开抓杠的手。

2. 直腿收腹脚着地，双手抓杠悬垂左、右移动 1～1.5 米

[练习目的]

锻炼上肢悬垂力量，发展身体协调能力。

[练习方法]

双手五指并拢或虎口张开抓杠均可，收腹直腿，双脚着地，向左或右挪手横向移动。

[动作要求]

上肢悬垂，双手抓杠握力十足，保持上体垂直姿势，下肢适当借力，身体重心侧向移动，身体用力协调均匀，移动距离 1～1.5 米。

[教学组织]

（1）教师示范，讲解动作要点并提出要求。

（2）依次同方向进行练习，组织学生从单杠一侧上器械，从单杠另一侧下器械，循环进行练习。

[安全提示]

（1）多人练习时，注意学生移动速度，保持相互间距离。

（2）教师双手抓住学生前臂腕关节部位，适当用力帮助其移动。

（3）单杠下面放置平整的垫子，结束练习先屈膝收腿成站立，然后再放开抓杠的手。

3. 收腹屈膝双脚离地，双手抓杠悬垂 10～15 秒

[练习目的]

锻炼手臂悬垂和双手抓握力量，发展身体收腹控制能力。

[练习方法]

双手抓杠，收腹屈膝，双脚离地保持静止不动 10～15 秒。

[动作要求]

上肢悬垂充分，双手握力十足，保持身体垂直于地面，双臂伸直，肩角打开，适度收腹屈膝弯腿。

[教学组织]

（1）教师示范，讲解动作要点并提出要求。

（2）为提高学生练习密度，一副单杠可 2～3 人同时进行练习。

（3）分组轮流交替进行练习。练习保持时间由学生自己大声数秒。

[安全提示]

（1）教师双手抓住学生前臂腕关节部位，适当用力帮助其保持悬垂姿势。

（2）单杠下面放置平整的垫子。

4. 悬垂"振摆"：悬垂开始，身体前收后挺连续振 5~8 次跳下

[练习目的]

锻炼上肢悬垂力量，发展身体收与展的协调配合能力。

[练习方法]

双手抓杠，屈膝小腿后屈双脚离地，向前稍收腹收腿，然后双腿下落时用力后摆展腹挺身，肩放松沉肩。连续重复练习振摆 5 次。

[动作要求]

上肢悬垂充分，双手紧握单杠，振摆时肩部放松下沉，收与挺用力协调均匀，身体不要前后摆荡过大。

[教学组织]

（1）教师示范，讲解动作要点和用力技术要求。

（2）为提高学生练习密度，一副单杠可 2~3 人同时进行练习。分组进行练习，轮换使用器械。

[安全提示]

（1）振摆结束停稳，脚落垫子后再放手。

（2）根据学生身高调整单杠高度，单杠下面放置平整的垫子。

5. 走浪回荡

[练习目的]

锻炼手臂悬垂和双手抓握力量，发展身体摆动时的协调控制能力。

[练习方法]

站在单杠前，双手抓杠，向前屈膝走三步，身体向前摆动，然后收腹屈腿身体回摆，伸髋伸腿成站立。

[动作要求]

双手握杠上肢悬垂充分，动作幅度大，前摆时要尽量摆高身体位置。身体控制好走与摆动的协调用力。

[教学组织]

（1）教师讲解并示范。一副单杠可 2 人同时进行练习。

（2）排队等待的学生可安排进行其他练习。

[安全提示]

(1) 教师站在一侧，一手抓紧学生前臂，可帮助其握杠。

(2) 单杠下面摆放平整的垫子。

6. 出浪回荡

[练习目的]

发展双手握力和上肢力量及身体摆动时的协调控制能力。

[练习方法]

站在单杠前，跳起双手抓杠，收腹收腿身体顺势向前摆动，至前方高点后身体回摆，伸髋伸腿成站立姿势。

[动作要求]

上肢悬垂充分，双手握杠动作正确有力，摆动动作幅度大用力协调，身体收放控制得好。

[教学组织]

(1) 教师讲解并示范。一副单杠可 2 人同时进行练习。

(2) 排队等待的学生可安排进行其他练习。

[安全提示]

(1) 教师站在一侧，一手抓握学生前臂，帮助其握杠。

(2) 单杠下摆放平整的垫子。

7. 出浪转体 180°

[练习目的]

发展双手握力和上肢力量及身体摆动时的协调转体控制能力。

[练习方法]

跳起双手抓杠，双脚离地屈腿屈髋身体前摆，利用前摆顺势向左转体 180°，同时右手放开杠转体后再抓杠，双脚可落垫站住。正反握杠继续前摆一次，然后身体回摆，伸髋伸腿成站立姿势。

[动作要求]

起跳充分，悬垂前摆幅度大，转体动作协调快速，双手换握杠动作迅速有力。

[教学组织]

(1) 教师讲解并示范，学生依次轮流进行练习。

（2）排队等待的学生可安排进行其他练习。

[安全提示]

（1）教师站在一侧，一手抓握学生前臂，帮助其握杠，另一手扶其背部，帮助向前摆动。

（2）单杠下面摆放平整的垫子。

8. 单杠悬垂"振摆"引体向上3~4次

[练习目的]

锻炼手臂悬垂和双手抓握力量，发展身体协调摆动发力向上引体的能力。

[练习方法]

双手抓杠，双脚离地悬垂，含胸，下肢稍向前收腹，稍后摆展髋，腰紧肩松，在向前摆时顺势双臂用力屈臂拉引身体向上，挺胸稍抬头，使头部接近杠面高度。连续重复练习5次。

[动作要求]

身体振摆与屈臂向上引体用力协调，体会向上引体用力，一般要求有明显屈肘即可。若能使头的高度到达杠面是优秀水平。该练习主要是体会身体小幅度振摆技术，不要做成前后摆荡。

[教学组织]

（1）一副单杠上可以3名学生同时进行练习。

（2）排队等待的学生可安排进行其他练习。

[安全提示]

（1）教师站在学生后面，双手扶其腰部，帮助向上引体。

（2）单杠下面摆放平整的垫子，双脚落垫子站稳。

9. 悬垂，向左、右转体180°，移动1米

[练习目的]

锻炼手臂悬垂力量，发展身体协调能力。

[练习方法]

双手抓握单杠，身体悬垂，向左转体180°经单手抓杠再双手抓杠，向右转体180°经单手抓杠再双手抓杠，向杠一侧移动。

［动作要求］

松开一只手同时身体转体 180° 再次抓握单杠，循环反复向一侧移动，松手再握与转体动作协调用力、连贯流畅。

［教学组织］

（1）教师讲解并示范。

（2）学生从一侧上单杠，依次轮流进行练习。

［安全提示］

（1）教师站在学生背面，双手抓其腕部，或双手扶其腰部两侧，帮助完成转体动作。

（2）单杠下面摆放平整的垫子。

10. 双手抓杠悬垂，蹬摆收腹举腿 5 次

［练习目的］

锻炼手臂悬垂力量，发展身体协调能力。

［练习方法］

双手抓杠，双脚并拢，脚跟着垫子成"半悬垂"，一脚蹬地一脚迅速上摆，身体顺势收腹举腿，双脚并拢，脚背碰杠后还原成半悬垂姿势。重复练习 5 次。

［动作要求］

双手始终抓紧单杠，一脚用力蹬地，另一脚上摆，收腹举腿至双脚碰杠。

［教学组织］

（1）教师讲解并示范。一副单杠可 2 人同时进行练习。

（2）学生间进行比赛，比举腿速度，快速完成 5 次。

［安全提示］

（1）教师站在一侧，一手抓握学生前臂，另一手托其腿部，帮助完成。

（2）单杠下面摆放平整的垫子。

11. 双手抓杠，悬垂蹬地收腹举腿，团身后翻、前翻

[练习目的]

锻炼手臂悬垂力量，发展腹部肌肉收缩使身体翻转的协调用力能力。

[练习方法]

双手抓杠，一脚蹬地另一脚迅速上摆，身体顺势收腹举腿，并腿屈膝团身向后翻转，翻臀过杠至双肩悬吊，然后含胸提臀团身向前翻转，双脚落垫悬垂。重复练习 2~3 次。

[动作要求]

两手握杠与肩同宽，蹬摆腿协调配合，向后、向前翻转时收腹屈腿团身要紧，大腿尽量贴近腹部。

[教学组织]

（1）教师讲解并示范。

（2）在教师保护帮助下完成练习，可 2 人同时进行练习。

[安全提示]

（1）教师站在一侧，一手抓握学生前臂，帮助其握杠，另一手托其大腿后部，帮助向后翻转；当其向前翻转时，双手换位，一手抓握前臂另一手托其肩部，帮助向前翻转，直至双脚站立，双手始终不离开学生。

（2）单杠下面摆放平整的垫子。

12. 跳上成支撑，换成正反握，团身向前翻下

[练习目的]

锻炼上肢支撑力量，发展身体向前下翻转的协调用力能力和大脑支配身体由支撑翻转至悬垂的控制能力。

[练习方法]

双手抓握单杠，双脚蹬地起跳身体向上腾起，双臂顺势由悬垂拉引至身体成杠上支撑姿势。侧移重心一手换成反握支撑，身体向前下翻转，同时团身屈腿，含胸提臀，以腹部为轴向前翻转一周，双脚落垫成站立姿势。

[动作要求]

前翻下时含胸收腹卷杠，控制翻转速度，同时两臂拉引单杠并控制两腿下落

速度不要过快。

[教学组织]

教师讲解并示范。一副单杠可以 2 人同时进行练习。

[安全提示]

（1）保护帮助的教师或小组长站在一侧，当学生团身前翻落下时，双手换位，一手托其背部，另一手托其大腿部，直至双脚站立。

（2）单杠下面摆放平整的垫子。

（3）先在垫子上辅助练习前滚翻动作。

13. 跳起抓杠向前并腿前摆回荡

[练习目的]

锻炼手臂悬垂力量，发展身体摆荡协调用力的能力。

[练习方法]

站在单杠前，跳起双手抓杠，身体顺势向前摆动，可屈膝。身体摆过垂直线后，兜腿用力向前上方踢脚摆至高点，前摆尽量摆高。回摆身体，保持屈体屈膝，回摆至高点两脚落地站稳。

[动作要求]

站位与杠的距离以及跳起高度要适宜，练习双手准确抓握单杠，摆动过程肩背部充分伸展。

[教学组织]

（1）教师讲解并示范动作。

（2）可 2 人同时进行练习，进行比赛，对比摆动幅度高度。

[安全提示]

（1）小组长或教师站在一侧，一手抓握学生的前臂，另一手扶其背部助力向前摆动，回摆时双手可保护其腰腹部帮助落地站稳。

（2）单杠下面摆放平整的垫子。

14. 双人互助引体向上

[练习目的]

锻炼双手抓握力量和肩臂力量。

[练习方法]

双人组合，学生双手抓握单杠，双脚离地，帮助者站在学生身后双手抱其腰部。当学生用力屈臂向上拉引身体时，帮助者同时也用力帮助其向上拉引，学生屈臂引体提高身体位置至头部高于杠面。连续完成 5 次。

[动作要求]

练习该动作时，需要双人默契同时用力，学生尽可能利用双臂屈引使身体提高，每次屈臂 90°以上，最好是下颌过杠。帮助者可根据学生的实际情况，助力可适当增减。

[安全提示]

（1）帮助者站在学生的身后，双手抱在学生的腰部，需要两人默契配合同时用力。

（2）当学生用力拉引时，注意不要仰头过大。帮助者站在学生的身后，身体稍向后倾，注意不要被学生的头部碰到。

15. 收腹屈腿屈臂悬垂 5 秒

[练习目的]

锻炼手臂悬垂力量，发展身体向上引体的静止能力。

[练习方法]

双手抓杠，屈臂悬垂，下肢离地屈膝收腹举腿与躯干约成 90°。含胸、梗头、上体绷直，双臂屈臂引体悬垂静止不动，保持 5 秒。

[动作要求]

两臂尽力屈臂拉引，肘部靠近身体，头部达到杠水平面之上。

[教学组织]

一副单杠可 2 人同时进行练习。保持静力悬垂姿势，可以让学生自己大声数秒。

[安全提示]

单杠下面摆放平整的垫子。

16. 脚蹬高台向后翻身上成支撑，前翻下

[练习目的]

锻炼屈臂引体力量，发展腹部肌肉收缩使身体向后翻转的协调用力能力。

[练习方法]

单杠前放置50～60厘米的高台（跳箱），双手屈臂抓杠，一脚用力蹬高台，另一脚迅速向上摆，收腹举腿，顺势并腿向后翻转，同时双臂屈臂倒悬垂用力向上引体，以腹部贴杠为轴向后翻转至杠上支撑。

前翻下时，屈体含胸提背向前翻转，双手紧握单杠屈臂用力拉杠，腹部尽量贴杠向前翻转至两脚落垫子，成站立姿势。

[动作要求]

双臂屈引有力。一脚用力蹬高台，另一腿加速上摆，快速收腹举腿，以腹部为轴向后翻转，含胸、梗头，身体始终保持内收姿势。前翻下含胸提背团身向前翻转，双臂屈臂用力身体轻轻放下至双脚落垫。

[教学组织]

（1）教师讲解并示范。

（2）在教师保护帮助下完成练习。

（3）可两人同时进行练习。

[安全提示]

（1）保护帮助的小组长或教师站在一侧，一手扶学生的背部，另一手托其臀部，帮助其腹部贴杠向后翻转。当其向后翻转过杠后，双手换位，一手托其肩部，帮助立上体，另一手托其大腿前部。

（2）前翻下保护帮助，当其团身前翻下落时，双手托其腰及大腿缓冲，直至双脚站立。

（3）单杠下面摆放平整的垫子，单杠前放置高台。

17. 悬垂蹬摆翻身上成支撑、屈体前翻下

[练习目的]

锻炼手臂悬垂引体力量，发展腹部肌肉收缩使身体前后翻转的协调用力能力。

[练习方法]

站立在单杠前，屈臂双手抓杠，两脚一前一后。向前迈步，一脚用力蹬地，另一腿迅速向前上方摆动，快速收腹举腿顺势并腿向后翻转，同时双臂屈臂倒悬垂用力向上引体，以腹部贴杠为轴向后翻转一周至杠上支撑。

直腿屈体前翻下：腹部贴杠，含胸提背，双手紧握单杠，屈体向前翻转一周至双脚落垫成站立姿势。

[动作要求]

翻身上时身体以腹部为轴向后翻转，含胸、梗头，身体始终保持内收姿势，不要仰头挺胸。屈体前翻下，含胸屈体向前翻转，双臂始终屈臂用力拉杠，使身体有控制地前翻下落至双脚落地。

[辅助练习]

（1）在单杠上练习蹲摆收腹举腿动作。

（2）在保护帮助下练习脚蹬高台做后翻身上练习。

[安全提示]

（1）小组长或教师站在单杠一侧，一手托学生背部，另一手托其臀部，帮助其腹部贴靠在杠上。当其向后翻转时，双手换位，一手托其肩部，帮助其立起上体，另一手托其大腿前部，控制其翻转速度，使其成杠上支撑姿势。

（2）屈体前翻下时，一手托其肩部，另一手托其大腿，直至学生双脚站立。

（3）单杠下面摆放平整垫子。

18. 杠上支撑后摆3次，支撑后摆下

[练习目的]

发展上肢支撑后摆协调能力及从高处跳下身体控制能力。

[练习方法]

单杠上支撑开始，上体稍前倾，收腹，双腿后摆背部肌肉紧张快速用力向后摆离单杠，同时双臂始终向下撑杠，身体经腾空后再回落成支撑位置。重复练习3次。支撑后摆下，当身体后摆离杠腾空后身体下落时，重心稍稍后移，双手抓杠双脚落垫屈膝缓冲成站立姿势。

[动作要求]

杠上支撑时，双臂直臂支撑，身体重心始终保持在杠上。双臂支撑与收腹、后摆用力协调。支撑后摆跳下时，身体重心适当向后移出单杠，不宜过远，落地时双手抓杠站稳。

[辅助练习]

在地面上做俯撑后摆腿练习，体会身体重心始终保持在双臂支撑上。

［安全提示］

（1）小组长或教师站在学生一侧，一手扶在其上臂，帮助稳定支撑，另一手用手背拨其大腿前部，助力其向后摆动离开单杠，连续后摆协调均匀用力。

（2）后摆跳下时，小组长或教师双手一前一后扶其腰腹部，帮助其落地站稳。

（3）单杠下面摆放平整的垫子。

四、跳越练习

1.10 米跑跨障碍

［练习目的］

初步培养学生跑、跳、跨越时的控制能力。

［练习方法］

每隔 80 厘米左右摆放一个障碍物，全程约摆放 10 个障碍物。练习时学生先助跑几步，跑至障碍物时采用一步跨越一个障碍的方法，直至跑完全程。障碍物的材质最好为软体，如海绵块或泡沫块等，高度不要超过 10 厘米。

［动作要求］

跑步跨越障碍时脚不得触碰障碍物，步法连贯。

［教学组织］

（1）为提高学生练习的兴趣，教学中可根据情况调整障碍物之间的距离（缩小或增大），要求学生不得触碰障碍物。

（2）练习中可采用两组或多组之间的跑跨接力比赛，如面对面接力或跑去跑回接力等。

［安全提示］

障碍物的材质最好为软体，如海绵块或泡沫块等，不能为圆形物，以防止踩到摔倒。

2. 10 米并腿跳障碍

[练习目的]

发展跳越能力，提高连续跳越过程中身体的平衡协调控制能力。

[练习方法]

每隔 50 厘米左右摆放一障碍物。练习时学生采用向前并腿跳的形式越过每一个障碍，连续跳越直至完成全程。障碍物的材质最好为软体，如海绵块或泡沫块等，高度不超过 10 厘米。

[动作要求]

全程跳越障碍时采用并腿形式连贯完成，双脚要同时跳起落下。跳障碍时脚不得触碰障碍物。

[教学组织]

（1）为提高学生练习的兴趣，教学中可根据情况调整障碍物之间的距离（缩小或增大），要求学生不得触碰障碍物。

（2）结合已学单腿跨跳障碍物练习，可采用分段单、双腿跳混合练习，提高练习的难度和兴趣。

（3）练习中可采用多组之间的跳越接力比赛，如面对面接力或跑去跑回接力等。

[安全提示]

障碍物的材质最好为软体，如海绵块或泡沫块等，不能为圆形物，以防止踩到摔倒。

3. 助跑并腿起跳至垫上

[练习目的]

培养学生双腿起跳的爆发力及跳下缓冲能力，并初步体会体操跳跃项目中"助跑上板"起跳地面模拟动作技术。

[练习方法]

助跑约 5 米左右，跑至已摆放好的垫子（高 20～30 厘米）前面，并腿跳起站到垫子上，向前走至垫子边缘，跳起两臂直臂摆至侧上举，空中展体，落垫时屈膝缓冲。

［动作要求］

（1）要求学生跳上及跳下垫子时都采用双腿起跳方式。

（2）为保证跳起的高度，双腿起跳时要快速用力，同时两臂要配合快速向上摆臂。

（3）为保证学生跳下垫子时的安全，要采用双腿同时落地的方法，从垫子上跳下时双腿要注意缓冲。

［教学组织］

（1）可让学生原地练习双腿起跳动作，先练习原地挺身跳，而后再逐渐过渡到由垫子上挺身跳下。

（2）为提高学生练习的兴趣，练习中可根据情况适当提高垫子的高度，并采用比赛形式鼓励学生去完成新的高度。

（3）为提高学生完成动作的兴趣，可对学生的起跳（如是否并腿起跳）、落地（如是否跳得高，站得稳）环节进行评比，并采用比赛形式进行练习。

［安全提示］

为保护好学生落地的安全，可在落地位置摆放一块薄垫子，并要求学生跳下时不要往远跳，落地要稳。

4. 助跑并腿起跳跃起俯卧高垫子，经坐撑跳下垫子

［练习目的］

发展学生跑跳及空中控制能力，使学生掌握向高处跳及往低处下的方法。

［练习方法］

助跑约 5 米，跑至已摆放好的垫子前面（垫子高约 60 厘米，长约 1.5 米），并腿起跳两臂前伸，俯卧至垫子上面，然后跪撑向前移动至垫子边缘，经坐撑跳下。

［动作要求］

（1）要求学生采用双脚起跳方式，起跳后直体、双腿伸直并拢。

（2）起跳时身体不要有挺身动作，以防落垫时腰部损伤；不要过分向前跃起，以免跃得太远而掉下垫子。

（3）由于垫子较高，下垫子时要求学生采用坐撑跳下的方式。

[教学组织]

（1）教学中应注意循序渐进，先从低高度开始，再根据学生完成情况由低往高逐渐提高垫子的高度。确保学生能在合适高度的垫子上完成动作。

（2）根据学生不同身高、身体素质及完成能力，合理进行分组练习。不同组可采用不同高度的垫子，并采用晋升比赛形式鼓励学生去完成新的高度。

[安全提示]

为保证安全，特别在练习的开始阶段，教师应站在起跳学生的侧面加强保护，防止学生起跳不到位或前冲过度而滑落到地面。

5. 原地向前跃起手撑高垫成跪撑，站起并腿跳下

[练习目的]

锻炼手臂支撑力量，发展身体各部位动作协调配合能力。

[练习方法]

垫高约 40 厘米，长约 1.5 米。学生并腿站立于高垫前，距离高垫一步。身体经半蹲向前跃起，先用双手撑高垫，后屈膝成跪撑姿势；站起向前走至高垫边缘，并腿跳下。

[动作要求]

向前跃起时两臂主动撑垫，顶肩有力；起跳跃出时双腿要蹬直；双手先撑垫后再收腹屈膝成跪撑（先撑后跪）姿势；站起时，身体由跪撑姿势经跪坐弹起成蹲撑站起，向前走至垫子边缘，并腿跳下。

[教学组织]

（1）动作练习可采用由"不腾空—腾空"完成动作逐渐过渡。

（2）教学中应强调"先撑手后屈腿成跪"这一动作技术过程，针对学生在学习中所容易犯的上下肢动作顺序错误，可采用"不腾空"完成等动作教法进行纠正。

[安全提示]

（1）垫子长度要足够，防止学生向前跃起冲力太大或因学生手臂支撑力量不足从跳箱前面掉下。

（2）落地位置摆放垫子。

6. 助跑并腿起跳手撑高垫成跪撑，站起并腿蹲跳下

[练习目的]

锻炼手臂支撑力量，跑跳能力，培养身体各部位动作协调配合能力，培养学生勇敢的品质。

[练习方法]

垫高约 70 厘米左右，长约 1.5 米。学生助跑约 5 米，助跑至高垫前约一步，并腿起跳，身体向前跃起，先用双手撑垫子，后屈膝跪垫成跪撑姿势。站起向前走至垫子边缘，并腿跳下。

[动作要求]

向前跃起时两臂主动撑垫，顶肩有力；双手先撑垫之后再收腹屈膝成跪撑（先撑后跪）；站起时，身体由跪撑成蹲撑站起，向前走至垫子边缘并腿蹲跳下。

[教学组织]

（1）可从原地在低跳箱上练习开始，逐渐过渡到完整动作练习。

（2）教学中应强调"先撑手后屈腿成跪"这一动作技术过程，针对学生在学习中容易犯的上下肢动作顺序错误，有针对性地采用教法。

（3）练习中学生完成的能力会有差异，对能力较弱的学生可安排在较低高度的跳箱上练习。

[安全提示]

（1）学生跳下跳箱时采用"蹲跳下"完成，落地位置摆放垫子。

（2）垫子长度要足够，防止学生向前跃起冲力太大或因学生手臂支撑力量不足从跳箱前面掉下。

7. 平垫上连续向前跃成蹲撑前进（小兔跳）

[练习目的]

锻炼手臂支撑力量，发展躯干屈伸动作协调配合能力。

[练习方法]

学生由蹲撑姿势开始，身体向前跃出，先由双手撑地，后收腹团身成蹲撑姿势，连续完成，前进 10 米。

[动作要求]

身体向前跃出时手撑的远度随个人身高而定，双手撑地时要注意用力顶肩，

抬头向前看，动作过程中双腿要并拢。

[教学组织]

（1）教学过程注意循序渐进，动作的幅度由小到大。

（2）在动作较熟练的基础上，可采用分组比赛形式，提高练习的强度和学生练习的积极性。

[安全提示]

（1）练习前注意做好手腕的准备活动，控制好运动量，防止手腕负担过大。

（2）可在塑胶或草地上练习，但课前应注意清理地上的小石子。

8. 原地向前跃起手撑高垫成蹲撑挺身跳下

[练习目的]

锻炼手臂支撑力量，发展身体各部位动作协调配合能力。

[练习方法]

垫子高约 40 厘米，长约 1 米。学生并腿站立于垫前约 50 厘米处。经半蹲向前跃起，先用双手撑垫子，后收腹屈膝成蹲撑姿势。站起向前走至垫子边缘，并腿挺身跳下。

[动作要求]

要求向前跃起时两臂主动撑垫，顶肩有力；起跳跃出时双腿要蹬直；双手先撑垫后再收腹屈膝成蹲撑（先撑后蹲），站起后向前走至垫子边缘并腿蹲跳下。

[教学组织]

（1）动作练习可由 30 厘米低垫开始，逐渐提升垫子高度。

（2）教学中应注意动作的"先撑后蹲"过程，学生在学习中容易出现同时撑蹲的错误。

（3）挺身跳下应重点强调身体姿势的控制。

[安全提示]

（1）落地位置应摆放垫子，完成挺身跳下落地时屈膝缓冲。

（2）垫子要足够长，防止学生向前跃起冲力太大或手臂支撑力量不足从高垫前面掉下。

9. 助跑并腿起跳手撑高垫成蹲撑站起并腿蹲跳下

[练习目的]

锻炼手臂支撑力量，跑跳能力，提高身体各部位动作协调配合能力，培养学生勇敢的品质。

[练习方法]

垫高约 70 厘米，长约 1.5 米。学生助跑约 5 米，助跑至高垫前约一步并腿起跳，身体向前跃起，先用双手撑垫子，后屈膝成蹲撑姿势。站起向前走至高垫边缘并腿蹲跳下。

[动作要求]

要求向前跃起时两臂主动撑垫，顶肩有力；起跳跃出时双腿要蹬直；身体跃起后双手先撑垫之后再收腹屈膝成蹲撑（先撑后蹲）；站起后向前走至高垫边缘，并腿蹲跳下。

[教学组织]

（1）动作可从低垫上练习开始，逐渐过渡到高垫完整动作练习。

（2）教学中应强调"先撑后蹲"动作过程顺序，针对学生在学习中容易犯的上下肢动作顺序错误，有针对性地采用教法。

[安全提示]

（1）高垫长度要足够长，防止学生向前跃起冲力太大或因学生手臂支撑力量不足从高垫前面掉下。

（2）落地位置摆放垫子，学生跳下时采用蹲跳下完成。

10. 横跳箱：跑动跨障碍—翻越横跳箱

[练习目的]

发展跑跳能力和攀爬能力，培养学生快速灵活的身体素质。

[练习方法]

跑动跨障碍：地上摆放多个障碍物（约 8 个），每个障碍物高约 5 厘米，各个障碍物间距约 1 米，学生在跑动中一步跨越一个障碍物。

跳起翻越横跳箱：在距离地上最后一个障碍物约 4 米处摆放横跳箱，横跳箱高约 1 米，学生跑至横跳箱前，单或双脚起跳俯卧于横跳箱上，并迅速翻越横跳箱跳下。

［动作要求］

跑动跨障碍时速度要快，跳起翻越横跳箱时可采用经俯卧姿势，其他身体部位没有姿势要求。两个练习内容主要强调动作要快速、灵巧。

［教学组织］

（1）跳起翻越横跳箱时可用单脚或双脚起跳，教师教学时可根据情况示范其中一种或两种翻越姿势。

（2）横跳箱的高度可根据学生的能力进行调整。

（3）在学生翻越横跳箱熟练之后，可把学生分成两组进行速度接力比赛。

［安全提示］

横跳箱落地一侧应摆放体操垫子。

11. 纵跳箱：助跑支撑跳上成分腿坐撑，撑起站立箱上，向前走至箱端跳下

［练习目的］

发展跑跳和落地缓冲能力，培养协调性和勇敢品质。

［练习方法］

纵跳箱高约90厘米，助跑约5米，学生跑至纵跳箱前，并腿起跳，双手支撑跳箱近端成分腿坐。双手向前撑，同时双腿向后摆并迅速向上提臀屈腿成蹲撑，站起向前走至纵跳箱远端并腿蹲跳下。

［动作要求］

跳起双手支撑纵跳箱的位置要适当靠前一点，以便留出分腿坐位置；完成由分腿坐至箱上蹲撑时，双手撑箱要有力，借助分腿向后摆惯性用力向上顶肩提臀并迅速屈膝成蹲（或经跪再成蹲）姿势；走至纵跳箱远端再并腿跳下，落地时要及时屈膝缓冲。

［教学组织］

（1）练习时，纵跳箱的高度可根据学生实际完成能力由低到高逐渐过渡。

（2）完成分腿坐撑起成蹲撑动作时，可视学生能力先练习成跪撑姿势。

（3）待学生能够较稳定地控制好跳起成分腿坐身体平衡之后，可向学生提出成分腿坐时要绷直腿的姿势要求。

［安全提示］

（1）纵跳箱落地一侧应摆放体操垫子。

（2）初学时，小组长或教师应站在跳箱一侧进行保护，当学生成分腿坐不稳或出现其他危险时，迅速帮助其摆脱危险。

（3）因为纵跳箱的高度较高，在并腿跳下时不要跳得太高，不要向远处跳。

12. 横跳箱：助跑支撑跳上经分腿蹲撑跳下

[练习目的]

发展跑跳能力，培养学生的灵巧素质和勇敢品质。

[练习方法]

横跳箱高约 70 厘米。学生助跑 5 米左右，跑至横跳箱前并腿起跳，双手支撑箱上，同时向上提臀成分腿蹲撑，然后迅速向前上方向跳起，并腿落地。

[动作要求]

起跳后双手支撑横跳箱时要用力顶肩，支撑向上提臀时要控制好臀部的高度，不要超过肩部水平面；跳下时方向不要过分向前，双腿保持分开姿势，落地时双腿并拢并及时屈膝缓冲站稳。

[教学组织]

（1）练习时，可先在平地上进行由俯撑姿势开始接分腿蹲撑跳起的辅助练习，之后在低跳箱上进行完整动作练习，然后再逐渐增加跳箱高度进行练习。

（2）初学时助跑速度不要太快。

[安全提示]

（1）小组长或教师站在跳箱后侧进行保护，当学生横跳箱上成分腿蹲撑时扶其肩部，跳下出现身体重心不稳时应根据情况迅速采用扶、抱等保护手法。

（2）跳箱落地一侧应摆放体操垫子。

13. 横跳箱：助跑支撑跳上经并腿蹲撑跳下

[练习目的]

发展跑跳能力，培养学生的灵巧素质和勇敢品质。

[练习方法]

横跳箱高约 70 厘米。学生助跑 5 米左右，跑至横跳箱前并腿起跳，双手支撑箱上，同时向上提臀屈膝成并腿蹲撑，然后迅速向前上方向跳起，并腿落地。

[动作要求]

起跳后双手支撑横跳箱时要用力顶肩，支撑向上提臀时要控制好臀部的高度，不要超过肩部水平面；并腿蹲撑接跳下时动作要连贯；跳下时方向不要过分向前，落地远度控制在80厘米左右；跳下时空中身体姿势要直、两臂侧举；落地要及时屈膝缓冲站稳。

[教学组织]

（1）初学时，可先在平地上进行由俯撑姿势开始接并腿蹲撑跳起的辅助练习，之后在低跳箱上进行完整动作练习，然后再逐渐增加跳箱高度进行练习。

（2）初学时助跑速度不要太快。

[安全提示]

（1）横跳箱落地一侧应摆放体操垫子。

（2）初学时，教师应站在跳箱前侧进行保护，当学生在成并腿蹲撑或跳下出现身体重心不稳时，教师应根据情况迅速选择扶、拉、顶、抱等方法保护学生。

14. 山羊分腿腾越

[练习目的]

发展跑跳能力和控制身体平衡能力，培养学生的灵巧素质和勇敢品质。

[练习方法]

山羊高度约90厘米。学生在约8米处助跑，跑至山羊前，并腿起跳，双手前伸支撑山羊，两臂用力顶肩推手使身体腾起越过山羊，双腿左右分开，然后上体主动抬起，并腿屈膝缓冲落垫。

[动作要求]

（1）起跳后要控制好提臀高度，支撑时臀部不得高过肩部水平面。

（2）撑手顶肩要有力，撑推手时不要屈肘。

（3）越过山羊时，双腿左右分开尽可能伸直。

（4）落地时要及时屈膝缓冲。

[教学组织]

（1）可先练习2~3步助跑跳起撑手左右分腿（不越过山羊）动作，体会分腿腾越的前半部动作。练习时要注意提醒学生跳起成支撑时臀部位置的合适高度。

（2）降低山羊高度进行 2~3 步助跑分腿腾越动作练习，逐渐增加山羊高度完成动作练习。

（3）在保护帮助下完成向独立完成逐渐过渡。

[安全提示]

（1）保护帮助时应站在山羊正前方，当学生跳起双手撑山羊时，教师迅速握住其上臂，向前上方提拉，帮助学生越过山羊。

（2）在有助跳板条件下进行练习时，助跳板摆放的远度要合适，对初学、胆量较小、助跑速度较慢的学生，跳板的摆放相应近一些，反之可远一些。

（3）两手支撑山羊时，支撑位置应在山羊面中间或偏近端，不要撑在远端，以防撑手时向前滑使身体失去平衡。

15. 横跳箱侧撑俯腾越

[练习目的]

发展跑跳能力和手臂支撑控制能力，培养学生灵巧素质和勇敢品质。

[练习方法]

横跳箱高约 80 厘米。学生正面助跑，跑至横跳箱前双手侧撑箱左侧，并腿起跳，跳起后向上提臀屈腿（或直腿后摆），同时身体一边向左转体 90 度一边从横跳箱上越过至另一侧落下成侧立。

[动作要求]

要求助跑速度不要过快；身体越箱时两臂要用力支撑；"团身越箱"时要注意屈膝并向上提臀，保证两脚与箱面有一定距离；"直体越箱"时要注意及时展髋，以防身体越过箱时双腿触碰箱体。

[辅助练习]

（1）在有帮助下低箱上（50 厘米左右）不加助跑练习完整动作。

（2）在有帮助下助跑从较低高度跳箱向正常高度跳箱完成动作过渡。

（3）从"团身越箱"向"直体越箱"动作过渡。

[安全提示]

（1）教师可站在学生双手撑箱一侧进行保护帮助，当学生跳起越箱时，教师及时用双手握学生上臂，保护其越箱安全落地。

（2）跳箱落地一侧应摆放体操垫子。

16. 横跳箱单脚起跳经侧撑越箱跳下

［练习目的］

发展跳越障碍物的能力，培养学生的灵巧素质和勇敢品质。

［练习方法］

横跳箱高约90厘米。学生正面助跑，跑至横跳箱前双手正撑横跳箱，双脚起跳，左脚踩箱面，之后左腿屈膝，左手抬起离开箱面，身体经短暂单手单脚侧撑（右手左腿支撑）向前越箱跳下成并腿正立。

［动作要求］

跳起之后手、脚支撑要用力，控制住身体重心；越箱时左手要及时离开箱面，确保身体顺利越箱。

［辅助练习］

（1）在有帮助下低箱上（70厘米左右）短距离（2~3步）助跑练习完整动作。

（2）在有帮助下助跑从较低高度跳箱向正常高度跳箱完成动作过渡。

［安全提示］

（1）教师可站在横跳箱落地一侧或起跳一侧对学生进行保护帮助，当学生跳起越箱时，教师及时用双手握住其支撑臂上臂，保护其越箱安全落地。

（2）跳箱落地一侧应摆放体操垫子。

17. 纵跳箱前滚翻

［练习目的］

发展身体各部位动作协调配合及身体翻滚时身体平衡控制能力，培养学生的灵巧素质和勇敢品质。

［练习方法］

纵跳箱高约50厘米。学生正面助跑，跑至纵跳箱前并腿起跳，同时双手支撑纵跳箱前端，向上提臀屈髋、屈腿（或直腿）、屈臂低头，经头后部、背、腰、臀依次支撑箱面并向前滚动至纵跳箱远端坐起并腿落地。

［动作要求］

蹬地、向上提臀动作果断；滚翻时头及身体要正、身体团紧。

［辅助练习］

（1）在平垫或高垫（30厘米左右）上练习前滚翻动作。

（2）在保护帮助下短距离（2～3步）助跑纵跳箱上完成动作。

［安全提示］

（1）教师可站在跳箱一侧进行保护帮助，当学生跳起撑箱时，教师及时用一手握学生支撑臂上臂，另一手托送腿部帮助学生完成箱上向前翻滚。

（2）练习时纵跳箱两侧应摆放比较厚实的体操垫子。

（3）纵跳箱完整动作练习前应先在垫子上进行练习，对垫上还不能完成前滚翻动作者，不应在纵跳箱上进行练习。

五、双杠练习

1. 双杠上双臂支撑5秒，左右移动身体重心5次

［练习目的］

锻炼手臂支撑的力量，发展身体协调用力的能力。

［练习方法］

两手撑杠，跳起在杠上双臂支撑静止5秒，然后左右移动身体重心5次，但手不离开杠面。

［动作要求］

支撑充分撑高，手臂伸直，保持身体收紧伸直，左右臂用力均匀协调。

［教学组织］

（1）教师讲解并示范，学生依次轮流练习，并自己大声读数。

（2）每副双杠上可上2名学生同时进行练习。

［安全提示］

（1）杠的高度大约是学生站立时腰部高度即可。下双杠时双腿先分腿屈膝挂杠，双手抓杠至悬垂姿势成站立。

（2）双杠下摆放平整垫子。上下双杠时要注意落地安全。

2. 双杠上分腿坐，向前移动 1 米

[练习目的]

锻炼手臂支撑推起的力量，发展身体协调用力的能力。

[练习方法]

两手撑双杠，跳起在杠上双臂支撑，收腹分腿坐杠，左右移动身体重心，左右手和左右腿交替支撑前移动约 1 米。两腿并拢收回杠中，屈臂下落站垫子结束。

[动作要求]

上肢充分支撑，保持身体姿态舒展，身体重心左右移动和向前移动均匀协调。

[教学组织]

（1）教师讲解并示范，学生同方向依次轮流上双杠进行练习。

（2）其他学生在地面上完成屈膝仰撑向前移动练习。

[安全提示]

（1）杠的高度大约是学生站立时腰部高度即可。

（2）双杠下摆放平整垫子。上下杠时要注意落地安全。

3. 双杠上分腿坐，双手前支撑向前移

[练习目的]

锻炼手臂支撑推起的力量，发展身体协调用力的能力。

[练习方法]

双杠上双臂支撑，收腹举腿分腿坐杠，双手前支撑，提臀向前移动身体，双手再向前支撑，提臀向前移动身体，反复交替支撑向前行进约 1 米。两腿并拢收回杠中，屈臂下落站在垫子上结束。

[动作要求]

双手向下支撑，配合提臀向前移重心，均匀协调。

[教学组织]

（1）集体模拟练习小兔跳：在地面上分腿蹲撑开始，双手向前支撑，然后提臀双脚离地向前移动一步，依次重复行进 8～10 米。

（2）教师杠上讲解并示范，学生同方向依次轮流上双杠进行练习。

[安全提示]

（1）学生依次轮流进行练习，双杠下摆放平整垫子。

（2）双杠高度以杠面到学生腰部为适宜。

4. 杠上双臂支撑前摆，收腹分腿坐杠，再还原并腿支撑

［练习目的］

锻炼手臂支撑力量，同时练习收腹举腿，发展身体协调配合用力的能力。

［练习方法］

双杠上双臂支撑，两腿向前举腿收腹分开成分腿坐杠，收腹并腿还原成双臂支撑，重复完成 3 次。屈臂下落站在垫子上结束。

［动作要求］

双手向下支撑双杠，肩部用力保持稳定。收腹举腿坐杠及还原过程中尽量伸直双腿。

［教学组织］

（1）辅助练习：在地面上并腿坐，两手身体侧后方支撑，收腹举腿成分腿坐撑，然后收腹举腿还原成并腿坐。

（2）教师讲解并示范，学生同方向依次轮流上双杠进行练习。

［安全提示］

（1）学生依次轮流进行练习，双杠下摆放平整的垫子。

（2）双杠高度以杠面到学生腰部为适宜。部分学生如果收腹举腿有困难，左右腿可以依次分开、依次并拢。

5. 双腿挂杠完成引体向上 3～5 次

［练习目的］

锻炼手臂悬垂力量和拉伸力量，发展双手的抓握能力。

［练习方法］

两手正握一横杠，两膝弯曲挂在另一横杠上。两臂用力向上拉引身体至高处后放下。连续重复同样的动作 5 次。

［动作要求］

向上拉引高度尽量使头部能达到杠面高度。上拉时快速用力，下落时有所控制。

[教学组织]

教师讲解并示范，学生依次轮流上双杠进行练习，一副双杠可以 2 名学生同时进行练习。

[安全提示]

（1）学生依次轮流进行练习，双杠下摆放平整的垫子。

（2）结束练习时，两脚先落垫子站稳之后再放手。

6. 屈膝挂杠完成引体向上

[练习目的]

发展上肢悬垂力量和拉伸力量，锻炼双手的抓握能力。

[练习方法]

杠中纵向站立，两手握杠外侧，两腿屈膝由杠内侧挂杠。两臂用力向上拉引身体至高处后放下。连续重复同样的动作 5 次。

[动作要求]

向上拉引高度尽量使头部超过杠面高度。上拉时快速用力，下落时有所控制。

[教学组织]

（1）教师讲解并示范，学生依次轮流上双杠进行练习，一副双杠可以 2 名学生同时进行练习。

（2）每副双杠排队练习的学生小组人数 8 ~ 10 人，如果双杠数量不足，其他学生可安排另外的练习项目，然后分组轮换。

[安全提示]

（1）结束练习时两脚先落垫子站稳之后再放手。

（2）学生依次轮流进行练习，双杠下摆放平整的垫子。

7. 屈膝挂杠双臂屈伸 5 次

[练习目的]

锻炼手臂支撑推起的力量，发展身体协调用力的能力。

[练习方法]

杠中纵向站立，跳起双臂支撑，收腹分腿屈膝挂杠，两臂弯曲身体下降至最大限度，然后用力推起两臂完全伸直。连续重复同样的动作 5 次。

[动作要求]

屈臂下落尽量低（肩低于肘），推起时肩部稍后倾并充分撑高，保持身体重量在两臂上，更好地锻炼到上臂的支撑能力。

[教学组织]

（1）教师讲解并示范，学生同方向依次轮流上双杠进行练习。

（2）其他学生在地面上完成辅助模拟练习：屈膝仰撑双臂屈伸，重复练习 2组，每组 10 次。

[安全提示]

（1）双杠高度以杠面到学生腰部为适宜。双杠下摆放平整的垫子。

（2）结束练习下杠时两腿收回到杠内成支撑，侧身跳下落垫子站稳。

8. 双手抓杠悬垂，双腿屈膝挂杠，翻上支撑成分腿坐

[练习目的]

发展攀爬翻越的能力，重点锻炼手臂悬垂和支撑推起的力量，提高身体协调用力的能力。

[练习方法]

杠中纵向站立，两手握杠外侧，收腹举腿向上左右分开，屈膝勾挂在左右两杠上，然后两臂拉引身体向上，依次换手成挂臂撑杠，然后臂屈伸推起成分腿坐。

[动作要求]

引体向上至肩部到达杠面时，换一手臂成挂臂，然后换另一手臂成挂臂，双臂推起时配合身体向前上方升起。

[教学组织]

（1）教师讲解并示范，学生同方向依次轮流上双杠进行练习。

（2）其他学生辅助练习：仰卧在垫上，手在腰两侧支撑推起成分腿坐，重复练习 10 次。

[安全提示]

（1）双杠高度以杠面低于学生胸部为适宜，双杠下摆放平整的垫子。

（2）结束练习下杠时两腿收回到杠内成支撑，侧身跳下落地站稳。

9. 支撑向前行进 0.5 米，侧身跳下

[练习目的]

锻炼手臂支撑的力量，发展在移动中控制身体重心的能力。

[练习方法]

杠中纵向站立，两手撑双杠，跳起双臂支撑，左右手依次倒手向前移动 0.5 米后放一手侧身跳下，双脚落垫子站稳。

[动作要求]

支撑充分撑高，肩部用力向下顶肩。手移动与肩部左右侧移配合协调，保持体重左右交替落在支撑臂上，达到锻炼上臂支撑力量的目的。

[教学组织]

（1）教师讲解并示范，学生同方向依次轮流上双杠进行练习。

（2）学生上肢力量较弱时，可安排小组长在侧面双手握学生的大腿向上托，帮助减轻负重并进行保护。

[安全提示]

（1）双杠高度以杠面到学生腰部为适宜，双杠下摆放平整的垫子。

（2）行进时每次倒手前进的距离不要太大，以"小步连贯"为佳。

10. 跳上支撑，前摆外侧坐（左、右）

[练习目的]

锻炼手臂支撑的力量，发展在运动中控制身体的能力。

[练习方法]

杠中纵向站立，两手撑杠，跳起成双臂支撑，收腹举腿向左摆过杠成外侧坐，右腿屈膝左腿伸直，立腰展髋左臂侧上举亮相。双手撑杠，双腿并拢同时向右摆越过两杠成右杠外侧坐，左腿屈膝，右腿伸直，立腰展髋，右臂侧上举亮相。两臂支撑，收腹举腿回到杠中支撑，侧身跳下。

[动作要求]

支撑充分撑高，肩部用力向下顶肩，摆腿越杠与支撑配合协调。双腿同时越杠有困难的学生，可以左右腿依次越杠。

[教学组织]

（1）教师讲解并示范，学生同方向依次轮流上双杠进行练习。

（2）每副双杠排队练习的学生小组人数不宜多，如果双杠数量不足，其他学生可安排另外的练习项目，然后分组轮换。

[安全提示]

双杠高度以杠面到学生腰部为适宜。双杠下摆放平整的垫子。

11. 支撑小摆动

[练习目的]

锻炼手臂支撑的力量，发展在摆动中控制身体重心的能力。

[练习方法]

杠中纵向站立，两手撑杠，跳起成双臂支撑，两腿并拢，向前微微收髋，向后展髋，以肩为轴身体前后小摆动，前后摆动幅度控制在90°左右（脚低于杠面以下45°）。摆动5次左右，停稳后支撑2秒，直臂后倒重心跳下站立。

[动作要求]

支撑时肩部用力向下顶肩。摆动时肩部保持稳定，身体伸直做"钟摆式"自然前后摆动，控制摆动幅度，不要过大，保持身体重心落在两支撑臂上。

[教学组织]

（1）保护帮助：可安排2名小组长站在左右两侧，双手扶学生肩部，帮助其稳定身体重心。

（2）每副双杠排队练习的小组人数不宜多（8～10人），如果双杠数量不足，其他学生可安排另外的练习项目，然后分组轮换。

[安全提示]

（1）双杠高度以杠面到学生腰部为适宜。双杠下摆放平整的垫子。

（2）身体前后摆动的幅度不能过大，以免重心失控落下。

12. 支撑分腿坐，前进一次成杠外侧坐，转体90°下

[练习目的]

锻炼手臂支撑的力量，发展在运动中协调控制身体的能力。

[练习方法]

杠端纵向站立，两手撑杠，跳起支撑，向前收腹举腿分腿坐杠。两臂前移撑杠，同时两腿向后展髋并腿进杠，支撑停住2秒。向左上方收腹举

腿摆过杠成外侧坐，身体左转90°同时两手推杠并腿跳下成站立。

[动作要求]

分腿坐时身体立腰，两腿伸直。前进时两手撑杠位置不可太远或太近，利用向后展髋的惯性完成并腿进杠动作。外侧坐转体90°跳下时要求摆腿与支撑推杠配合协调，落垫站稳。

[教学组织]

（1）分腿坐前进地面模拟练习：站立单腿侧举，向后摆腿落成双脚站立，左右腿交换练习。

（2）保护帮助：练习分腿坐两腿向后并腿进杠时，由教师或安排2名小组长站在杠两侧，双手扶学生肩部，帮助其稳定身体重心。

[安全提示]

（1）双杠高度以杠面到学生腰部为适宜。

（2）双杠下面、侧面落地区摆放平整的垫子。

（3）分腿坐两腿后摆并腿进杠后，两臂支撑停住，以免重心失控落下。

13. 双脚勾杠手倒立

[练习目的]

利用双杠作为辅助器材，为练习垫上手倒立打基础。该练习主要锻炼手臂支撑的力量，发展身体空间位置变化时（头朝下倒立）的适应能力。

[练习方法]

杠侧蹲撑开始，一腿蹬伸同时后上举以脚背勾住杠，然后另一腿（支撑腿）离地也用脚勾杠，两手支撑后移，成屈腿手倒立，保持10秒左右。两手支撑向前移动成斜面俯撑，一脚先落垫，另一脚再落垫。

[动作要求]

两脚勾住杠面后，支撑手可交替后移同时屈膝，使身体靠近杠并尽量垂直于垫面，身体重量落在两支撑臂上，更好地锻炼到上臂支撑力量。倒立时抬头看支撑手。结束练习时，下杠动作要慢，两脚依次落垫。

[教学组织]

教师讲解并示范，学生依次轮流进行练习，一副双杠可以4人同时进行练习。

[安全提示]

（1）双杠高度以杠面到学生胸部为适宜。

（2）双杠下面摆放平整的垫子。

（3）完成练习下杠时两手支撑向前移动成斜面俯撑，一脚先落垫，另一脚再落垫。

14. 支撑前摆外侧坐—转体 180°跨两杠成分腿坐（后撑）—转体 90°下

[练习目的]

锻炼手臂支撑的力量，发展在运动中控制身体的能力。

[练习方法]

杠中纵向站立，跳起支撑，收腹举腿向左摆过杠成外侧坐亮相。向右转体两手撑右杠，同时右腿摆越两杠成分腿坐杠，两臂后撑。重心右移，左腿向右摆同时向右转体 90°并腿跳下成站立式。

[动作要求]

杠外侧坐亮相时，要求右腿屈膝左腿伸直，立腰展髋，左臂侧上举。分腿坐转体 90°跳下时，要求摆腿越杠与手臂支撑推杠配合协调，落垫站稳。

[教学组织]

（1）教师讲解并示范，学生同方向依次轮流上双杠进行练习。

（2）每副双杠排队练习的学生小组人数不宜多（6~8 人），如果双杠数量不足，其他学生可安排另外的练习项目，然后分组轮换。

[安全提示]

（1）双杠高度以杠面到学生腰部为适宜。

（2）双杠下及外侧落地区要摆放平整的垫子。

15. 屈臂屈膝挂杠翻上成支撑—臂屈伸 5 次—转体 90°跳下

[练习目的]

锻炼手臂支撑的力量，发展在运动中协调控制身体的能力。

[练习方法]

杠中纵向站立，两手抓杠，屈臂挂杠，收腹举腿，分腿屈膝挂杠，双臂向下压杠同时收腹起上体成分腿坐，屈臂推撑（臂屈伸）5 次。左腿向右摆同时身体重心右移，右转 90°跳下。

[动作要求]

翻上时双臂压杠与起上体同时协同用力。臂屈伸时，屈臂至肩与肘平行后用力推撑成直臂。分腿坐转体90°跳下时要求摆腿转体与支撑推杠配合协调，落垫站稳。

[辅助练习]

（1）分腿仰卧垫上两臂屈肘手放于腰两侧，两手向下压垫子同时收腹起上体成分腿坐。

（2）地面分腿屈膝仰撑，向上挺髋，臀部离地，完成臂屈伸10次。

[安全提示]

（1）挂杠翻上成分腿坐时，由教师或安排1名小组长站在杠侧，双手托练习学生腰部。双臂屈伸尽量让学生自己用力完成，个别体重较大或推撑能力弱的可托腰帮助其完成。学生完成转体90°跳下时，教师或小组长双手抓握其上臂保护其落地站稳。

（2）双杠高度以杠面到学生胸部为适宜。双杠下面及侧面落地区摆放平整的垫子。

16. 支撑小摆动，前摆或外侧坐，一手撑杠展体跳下

[练习目的]

锻炼手臂支撑的力量和在运动中协调控制身体的能力。

[练习方法]

杠中纵向站立，两手撑杠，跳起成双臂支撑，两腿并拢，向前微微收髋，向后展髋，以肩为轴身体前后小摆动，前后摆动幅度控制在脚低于杠面以下。向前摆动4次，第5次前摆收腹举腿向右摆过杠成外侧坐亮相。身体右移稍屈髋同时左手换撑右杠，然后展体并腿跳下。

[动作要求]

支撑时肩部用力向下顶肩。摆动时肩部保持稳定，身体伸直做"钟摆式"前后摆动，控制摆动幅度不要过大，保持身体重心控制在两支撑臂上。

杠外侧坐亮相时，要求左腿屈膝右腿伸直，立腰展髋，右臂侧举。

[辅助练习]

在软跳箱上外侧坐，单手支撑跳箱展体并腿跳下，模拟体会支撑与展体的协

调配合。

[安全提示]

（1）支撑小摆动时可安排小组长站在左右两侧，双手扶练习学生肩部，帮助其稳定身体重心。身体前后摆动的幅度不能过大，以免重心失控落下。

（2）外侧坐展体跳下时，教师或小组长站于侧后方，双手扶练习学生腰部，保护其稳定落地站稳。

（3）双杠高度以杠面到学生腰部为适宜。双杠下和落地区摆放平整的垫子。

17. 跳上分腿坐，弹杠支撑摆动，支撑前摆下

[练习目的]

锻炼手臂支撑的力量，发展在运动中控制身体的能力。

[练习方法]

杠中纵向站立，两手撑杠，跳起支撑，向前收腹举腿分腿坐杠。屈膝收小腿然后伸膝绷直两腿并拢进杠。身体以肩为轴前后小摆动，摆动幅度控制在脚到达杠面高度即可。向前摆动2次，第3次前摆稍屈髋向右过杠，同时身体重心右移，左手在身后换撑右杠，右手离杠，两腿下落站立垫上。

[动作要求]

支撑摆动时肩部用力向下顶肩，肩部尽力保持稳定，身体伸直做"钟摆式"前后摆动，控制摆动幅度，不要过大，保持身体重心控制在两支撑臂上。

支撑前摆下时，侧摆腿身体重心侧移与左手在身后换撑右杠协调配合，落垫站立时一手抓杠。

[辅助练习]

（1）支撑前摆下模拟练习：地面并腿坐撑，向右侧收腹举腿身体右移，同时左手向右移，在身后支撑，然后两腿下落臀部离地脚踩地，成左臂支撑右臂侧平举。

（2）在软跳箱上并腿坐撑，向右侧收腹举腿身体右移，同时左手向右移，在身后支撑，然后两腿下落臀部离开软跳箱脚踩地，成左臂支撑右臂侧平举。

[安全提示]

（1）支撑摆动时，身体前后摆动的幅度不能过大，可安排2名小组长站在练习学生左右两侧，双手扶其肩部，帮助其稳定身体重心。

（2）前摆下时，教师或小组长站于练习学生侧方，双手抓握其上臂，顺势向侧上方提，跟随练习学生右臂于侧举位置，保护其落地站稳。

（3）双杠高度以杠面到学生腰部为适宜。双杠下和落地区摆放平整的垫子。

六、平衡木练习

1. 木端踏上，叉腰 2 拍侧举 2 拍，向前走至木端，向前跳下成站立

［练习目的］

发展平衡能力和配合肢体协调能力。

［练习方法］

木端踏上，前后脚站立，两手叉腰向前 2 步，再两臂侧平举开始向前走 2 步，以此反复直到走到木端，两脚并拢两臂经后向上带起向前跳下经半蹲成站立式，两臂侧上举结束。

［动作要求］

身体直立，保持平衡，走步时腿伸直、绷脚尖，跳下屈膝半蹲要有缓冲。

［教学组织］

（1）地面练习 4 步（4 拍）侧平举、4 步（4 拍）叉腰。

（2）学生开始轮流练习，一组学生在平衡木上练习，同时可安排另一组学生地面练习，两组交替练习，增强课堂练习密度。

（3）可采用竞赛方式调动练习积极性，例如两组比赛，以掉下平衡木人数少的组为胜。

［安全提示］

（1）控制平衡木上学生之间的距离，前面一名学生走出 4 步（4 拍）后下一名学生再上平衡木。

（2）平衡木端落地区放置平整的垫子。跳下动作要提示学生做好结束姿势。

2. 木端踏上，向左侧并步走至木端，向前跳下成站立

［练习目的］

发展平衡能力和肢体协调配合能力。

[练习方法]

木端踏上，前后脚站立，然后提踵转体90°，两臂侧平举侧并步走4步，两手叉腰走4步，以此反复直到走到木端，两臂向上带起，并腿向前跳下经半蹲成站立结束。

[动作要求]

身体直立，保持平衡，走步时腿伸直、绷脚尖，跳下屈膝半蹲要有缓冲。

[教学组织]

（1）教师示范并讲解动作要点，提出练习要求。

（2）学生轮流练习，一组学生在平衡木上练习，同时可安排另一组学生地面练习，两组交替练习，增强课堂练习密度。

（3）可采用竞赛方式调动练习积极性，例如两组比赛，以掉下平衡木人数少的组为胜。

[安全提示]

（1）注意身体重心的移动与控制，提踵转体时身体保持平稳。

（2）控制平衡木上学生之间的距离，前面一名学生走出4步（4拍）下一名学生再上平衡木。

（3）平衡木端落地区下放置平整的垫子。

3. 踏上木脚前后站立，两臂侧平举，左右脚交替在前，起踵立8拍

[练习目的]

发展平衡能力和肢体协调配合能力。

[练习方法]

木端踏上，前后脚站立，同时两臂侧平举，双脚提踵站立8拍；向前一步前后脚站立，双脚提踵站立8拍；转体180°同时两臂经舞蹈三位至侧平举结束。

[动作要求]

（1）提踵站立要求身体直立，保持平衡，提踵要高，身体绷紧。

（2）转体180°要求提踵高，身体直立夹紧，肩、髋、踝带动转体。

[教学组织]

（1）地面练习侧平举提踵站立（左、右交替练习），教师示范，讲解动作要点并提出要求。

（2）学生顺序练习，一个平衡木可 3～4 人同时练习，一组学生在平衡木上练习同时可安排另一组学生地面练习，两组交替练习，增强课堂练习密度。

（3）可采用竞赛方式调动练习积极性，例如两组比赛，以掉下平衡木人数少的组为胜。

［安全提示］

（1）注意身体重心的控制，转体时身体保持平稳。

（2）控制平衡木上学生之间的距离。

4. 足尖步走到木端，转体 90°，向前跳下成站立

［练习目的］

发展平衡能力和肢体协调配合能力。

［练习方法］

木端踏上，前后脚站立，双脚提踵，两手叉腰向前走 4 步，再两臂侧平举向前走 4 步，以此反复直到走到木端，转体 90°，两脚并拢，两臂经后向上带起同时并腿向前跳下屈膝缓冲成站立式，两臂侧上举结束。

［动作要求］

保持身体直立，双脚高提踵，保持平衡，姿态优美，走步时腿伸直、绷脚尖，跳下屈膝半蹲要有缓冲。

［教学组织］

（1）地面练习提踵走 4 步叉腰、4 步侧平举，教师示范，讲解动作点并提出要求。

（2）学生开始顺序轮流练习，一组学生在平衡木上练习，同时可安排另一组学生地面练习，两组交替练习，增强课堂练习密度。

（3）采用竞赛方式调动练习积极性，例如两组比赛，以掉下平衡木人数少的组为胜。

［安全提示］

（1）控制平衡木上学生之间的距离，前面一名学生走出 4 步（4 拍）后下一名学生再上平衡木。

（2）平衡木端落地区放置平整的垫子。

5. 柔软步走向前，跳下成站立

[练习目的]

发展平衡能力、肢体协调配合能力和控制能力。

[练习方法]

木端踏上，前后脚站立，同时两臂侧平举，一腿向前一步，微屈膝重心前移直立，另一腿屈膝脚尖经脚踝向前伸直抬起45°。对称动作，反复完成直至走到木端，向前跳下经半蹲成站立，两臂侧上举结束。

[动作要求]

保持身体直立，目视前方（用余光看平衡木），每一步要有弹性，蹲与伸速度适当放慢且有控制，姿态优美。

[教学组织]

（1）地面练习柔软步走（两臂侧平举或叉腰），教师示范，讲解动作要点并提出要求。

（2）学生开始轮流练习，一组学生在平衡木上练习，同时可安排另一组学生地面练习，两组交替练习。

[安全提示]

（1）控制平衡木上学生之间的距离。平衡木顶端落地区放置平整的垫子。

（2）提示学生跳下动作要做好缓冲落地结束动作。

6. 前踢腿行进，团身跳下

[练习目的]

发展平衡能力、肢体协调配合能力和控制能力。

[练习方法]

木端踏上，前后脚站立，两臂侧平举；左脚向前一步，右腿向前踢起约90°，落下脚尖点地，然后右脚向前一步，左腿向前踢起90°，落下脚尖点地，直至到木端；双脚跳起，双腿屈膝，团身跳下成站立式，两臂侧上举结束。

[动作要求]

保持身体直立，目视前方（用余光看平衡木），踢腿时支撑腿和前踢的腿都要伸直，姿态优美，屈膝团身跳下时注意身体重心不能后仰，落地屈膝半蹲要有缓冲。

[教学组织]

（1）地面练习向前踢腿，两臂侧平举。教师示范，讲解动作要点并提出要求。

（2）学生开始轮流练习，一组学生在平衡木上练习，同时可安排另一组学生地面练习，两组交替练习。

[安全提示]

（1）注意团身跳跳起时上体重心稍前倾，防止重心后倒。

（2）控制平衡木上学生之间的距离，建议前面一名学生走至平衡木中部时下一名学生再开始。

（3）平衡木端落地区放置平整的垫子，提示学生跳下动作要屈膝缓冲。

7. 向前"弹簧步"走，向前跳下成站立

[练习目的]

发展平衡能力、肢体协调配合能力和控制能力。

[练习方法]

木端踏上，前后脚站立，两臂侧平举。左脚向前一步，微屈膝（重心移至左腿）然后直立提踵，右腿屈膝，脚尖经脚踝然后屈膝抬起45°。对称动作，连续完成直至走到木端，向前跳下成站立，两臂侧上举结束。

[动作要求]

保持身体直立，目视前方（用余光看平衡木），每一步要有弹性，速度适当放慢，姿态优美。

[教学组织]

（1）地面练习弹簧步及手臂小波浪。教师示范，讲解动作要点并提出要求。

（2）学生开始轮流练习，一组学生在平衡木上练习，同时可安排另一组学生地面练习，两组交替练习。

[安全提示]

（1）控制平衡木上学生之间的距离，前面一名学生走出4步（4拍）后下一名学生再上平衡木。

（2）平衡木端落地区放置平整的垫子，提示学生跳下动作要屈膝缓冲。

8. 纵木小兔左右跳

[练习目的]

发展平衡能力和肢体协调配合能力。

[练习方法]

木端一侧站立开始，半蹲后双手向前支撑平衡木，蹬地提臀双脚跳起至平衡木的另一侧，然后双手再向前支撑平衡木，双脚跳起至平衡木的另一侧，反复进行直到平衡木的顶端。

[动作要求]

双脚要在双手有支撑的前提下跳起越过平衡木到另一侧。

[教学组织]

（1）地面集体练习左右跳。教师示范，讲解动作要点并提出要求。

（2）学生开始轮流练习，一组学生在平衡木上练习，同时可安排另一组学生地面练习，两组交替练习。

[安全提示]

（1）注意双手支撑平衡木的距离不宜过远，控制身体重心的左右移动，双手要左右支撑平衡木。

（2）控制平衡木上学生之间的距离（前面一名学生到平衡木中部时，下一名学生再开始）。

9. 足尖步，转体 180°，后退步走，转体 90°向前跳下

[练习目的]

发展平衡能力和肢体协调配合能力。

[练习方法]

木端左脚踏上，前后脚站立，两臂侧平举，双脚提踵，开始向前走 4 步，站立转体 180°，两臂上举至侧平举。向后退 4 步，每一步前腿抬起 45°；站立向左转体 90°两脚并拢，两臂经后向前上带起同时并腿向前跳下经半蹲成站立，两臂侧上举结束。

[动作要求]

（1）足尖步要求保持身体直立，尽力向上提踵。

（2）转体 180°时要保持身体重心、提踵高，以踝关节、臀部、肩部带动整体

发力；后退步走时保持平衡；走步时重心在支撑腿上，腿伸直、绷脚尖。

［教学组织］

（1）地面练习，提踵走 4 步，站立转体 180°，后退走 4 步。教师示范，讲解动作要点并提出要求。

（2）学生开始轮流练习，一组学生在平衡木上练习，同时可安排另一组学生地面练习，两组交替练习。

［安全提示］

（1）注意身体重心的移动与控制；后退步走速度适当放慢。

（2）控制平衡木上学生之间的距离（前面一名学生到平衡木中部时下一名学生再上平衡木）。

（3）跳下动作时，要提示学生屈膝缓冲，平衡木端落地区放置平整的垫子。

10. 提踵站立、提踵蹲立、双脚跳起交换腿落木

［练习目的］

发展平衡能力和肢体协调配合能力。

［练习方法］

木端踏上，前后脚站立，两臂侧平举，提踵站立 4 拍。双腿全蹲后站立，同时两臂经下至上举再还原至侧平举，做 2 次。右脚向前一步站立，两臂侧平举，提踵站立 4 拍。双腿全蹲后站立，同时两臂经下至上举再还原至侧平举，做 2 次。

两臂侧平举，双脚跳起左右脚交换落木，连续完成 4 次。

［动作要求］

（1）要求学生提踵站立时保持侧平举到位，身体直立，提踵要高，身体各部位夹紧。

（2）蹲立要求身体保持正直下蹲，慢蹲快起，脚踝、臀部、腰部、后背夹紧。

（3）双脚跳起要求身体保持直立，在脚踝蹬直（绷脚尖）的基础上交换腿落木。

［教学组织］

（1）地面练习侧平举提踵站立、蹲立（左、右交替练习）。教师示范、讲解动作要点并提出要求。

（2）平衡木上可 3～4 人同时练习。一组学生在平衡木上练习，同时可安排另一组学生地面练习，两组交替练习。

［安全提示］

控制平衡木上学生之间的距离。平衡木下放置平整的垫子。

11. 前踢腿—后踢腿—前踢腿，团身跳下成站立

［练习目的］

发展平衡能力、肢体协调配合能力和控制能力。

［练习方法］

木端踏上，前后脚站立，两臂侧平举，左脚向前一步，右腿向前踢起 90°，右臂保持侧平举，左臂经体侧至前平举；接着右腿后踢，同时左臂还原至侧平举；接着右腿再前踢，同时左臂前平举，然后脚尖前点地。向前迈一步，换另一腿做相同动作，两腿交替做动作，直至到木端。双脚站立跳起，双腿屈膝团身跳下经半蹲成站立，两臂侧上举结束。

［动作要求］

（1）踢腿时支撑腿和前、后踢起的腿都要伸直，保持支撑腿的重心稳定，姿态优美，如果手臂变化较难，可以保持侧平举不变。

（2）屈膝团身跳下要有团身动作，注意身体重心不能后仰，落地屈膝半蹲要有缓冲。

［教学组织］

（1）在地面练习向前、后踢腿，注意两臂的协调配合。教师示范，讲解动作要点并提出要求。

（2）一组学生在平衡木上练习，同时可安排另一组学生在地面练习，两组交替练习。

［安全提示］

（1）控制平衡木上学生之间的距离，前面一名学生到平衡木中部时，后一名学生再开始做。

（2）注意团身跳起时上体重心稍前倾，提示学生屈膝缓冲，平衡木端落地区放置平整的垫子。

12. 窄木上爬行

[练习目的]

进一步发展身体平衡能力、四肢协调能力，锻炼手臂支撑力量。

[练习方法]

学生蹲撑在窄木上，手脚交替支撑向前爬行至木端结束。

[动作要求]

要求爬行时抬头看前方，手脚支撑有力；在保持平衡的情况下，交替协调连贯，尽量快速通过。

[教学组织]

（1）教师示范，学生依次轮流练习，根据窄木条件分几组同时进行练习，以增加练习密度。

（2）可安排爬行比赛游戏，例如 10 个学生为一组，由学生自觉完成动作依次接力，完成得又快又好的组获胜。在学生完成较好时可适当增加难度（例如倒退）以增强趣味性，调动学习积极性。

[安全提示]

控制窄木上学生之间的距离，前面一名学生爬至中间后，下一名学生再上窄木。

13. 足尖步后退，转体90°，挺身跳下

[练习目的]

发展平衡能力和肢体协调配合能力。

[练习方法]

学生木端踏上，前后脚站立，两臂侧平举，提踵向前走至平衡木中部，转体180°同时两臂上举至侧平举；足尖步后退至木端，转体90°两脚并拢，向上带臂向前挺身跳下经半蹲成站立。

[动作要求]

（1）保持身体直立，足尖步尽力向上提踵。

（2）转体180°时保持身体重心、提踵要高，以踝关节、臀部、肩部带动整体发力；后退步时保持平衡；走步时重心在支撑腿上。

[教学组织]

（1）地面练习，提踵走 4 步，站立转体 180°，后退走 4 步。教师示范，讲解动作要点并提出要求。

（2）学生开始轮流练习，一组学生在平衡木上练习，同时可安排另一组学生地面练习。

[安全提示]

（1）后退走时速度适当放慢，平衡木端落地区放置平整的垫子。

（2）控制平衡木上学生之间的距离，前面一名学生到平衡木中部时，下一名学生再上平衡木。

14. 行进前踢腿—侧踢腿—后踢腿，分腿跳下

[练习目的]

发展平衡能力、肢体协调配合能力和控制能力。

[练习方法]

（1）学生木端踏上，两臂侧平举，左脚向前一步，右腿向前踢起 90°，脚尖前点地，左右腿交替进行。

（2）两臂保持侧平举，左脚向前一步，右腿向侧踢起 90°以上，落在前面，左右腿交替进行。

（3）右脚向前一步，脚尖点地，两臂后举，接着右腿后踢（尽量高），同时两臂经前至上举，左右腿交替进行。

（4）走至木端后双脚跳起，双腿向前侧踢起分腿，两臂前举，落下并腿经半蹲成站立。

[动作要求]

（1）保持身体直立，目视前方，用余光看平衡木。

（2）踢腿时支撑腿和前、侧、后踢起的腿要伸直，重心保持在支撑腿，姿态优美。

（3）跳下时跳起快速做分腿动作，身体重心不能后仰，落地屈膝有缓冲。

[教学组织]

（1）在地面练习向前、侧、后踢腿，掌握踢腿后下落时重心的协调配合。教师示范，讲解动作要点并提出要求。

（2）先在地面练习向前分腿跳下，教师可站在学生后方，两手扶其腰两侧帮助其跳起分腿及落地。

[安全提示]

（1）注意分腿跳下时上体重心稍前倾，提示学生屈膝缓冲，平衡木端落地区放置平整的垫子。

（2）控制平衡木上学生之间的距离，前面一名学生到平衡木中部时，后一名学生再开始做。

15. 柔软步至木中，跳起交换腿落木，蹲转180°，团身跳下

[练习目的]

发展平衡能力、肢体协调配合能力和控制能力。

[练习方法]

（1）柔软步：木端踏上，前后脚站立，两臂侧平举，左脚向前一步微屈膝然后直立，右腿屈膝脚尖经脚踝向前抬起45°伸直，同时两臂经体侧至侧下举（小波浪）。对称动作重复直至走到木中。

（2）双脚跳起交换腿落木—蹲转180°：两臂侧平举，双脚跳起左右脚交换落木（交替）；两臂侧平举，全蹲向后转体180°，再向前转体180°，然后站立同时两臂经下至上举再还原至侧平举。

（3）团身跳下：木端站立两臂向后摆动，双脚跳起，快速收腹、屈膝、团身，两手触膝，迅速伸髋、伸膝，落地经半蹲成站立。

[动作要求]

（1）柔软步要求学生保持身体直立，目视前方（用余光看平衡木），每一步要有弹性，蹲与伸有控制，姿态优美。

（2）跳起交换腿落木时，身体要保持直立，在脚踝蹬直（绷脚尖）的基础上交换腿落木。

（3）蹲转180°时身体要保持直立下蹲，保持平衡，提踵要高，以脚踝为支点带动转体。

[教学组织]

（1）在地面分解练习柔软步和弹簧步，双脚跳起交换腿落地，蹲转180°（左、右交替练习）。

（2）平衡木上学生按顺序练习，一组学生平衡木上练习，同时可安排另一组学生在地面练习，两组交替练习。

［安全提示］

控制平衡木上学生之间的距离。平衡木端落地区放置平整的垫子。

16. 单腿站立平衡（前、侧、后）

［练习目的］

发展平衡能力、肢体协调配合能力和控制能力。

［练习方法］

学生纵向站木，两臂侧平举，一腿前举大于45°控5秒落下，侧举大于45°控5秒落下，后举大于45°控5秒落下左右腿交替练习。

［动作要求］

（1）保持身体直立，目视前方，保持平衡姿态优美。

（2）重心在支撑腿，尽量高提踵。

［教学组织］

（1）在地面练习前、侧、后举腿的控制。教师示范，讲解动作要点并提出要求。

（2）学生开始轮流练习，一组学生3～4人在平衡木上练习，同时可安排另一组学生在地面练习。

［安全提示］

（1）前、侧、后举腿的控制要保持支撑腿的重心稳定。

（2）控制平衡木上学生之间的距离。

17. 前摆腿—后摆腿—前摆腿，吸腿提踵立走至木端，向前团身跳下

［练习目的］

发展平衡能力和肢体协调配合能力。

［练习方法］

木端踏上，两脚前后站立，两臂侧平举，左脚向前一步，右腿向前摆起约45°，向后摆腿，再向前摆，脚尖点地，支撑腿微屈然后提踵，右腿吸腿至膝部立停2秒。交换腿进行练习直到木端，双脚跳起、吸腿、团身、两臂抱腿，落地经半蹲成站立，两臂侧上举结束。

[动作要求]

（1）向前、向后摆腿时支撑腿和前后摆起的腿都要伸直，重心保持在支撑腿，姿态优美。

（2）吸腿站立时重心在支撑腿上，注意身体重心的控制，腿吸至膝部。

（3）团身跳下时，双脚充分跳起，吸腿快，团身紧，落地屈膝半蹲要有缓冲动作。

[辅助练习]

（1）地面练习：一腿前后摆动，另一腿微屈膝，摆动腿脚尖点地、吸腿，站立3秒。

（2）地面原地团身跳和落地练习。

[安全提示]

（1）控制平衡木上学生之间的距离，前面一名学生到平衡木中部时，下一名学生再上平衡木）。

（2）团身跳下动作要提示学生缓冲落地，平衡木端落地区放置平整的垫子。

18. 提踵站立转体，提踵蹲转180°，跳起交换腿落木

[练习目的]

发展平衡能力和肢体协调配合能力。

[练习方法]

木端踏上，左脚在前右脚在后，两臂侧平举，双脚提踵站立4拍，两臂上举同时转体180°还原成侧平举；提踵、全蹲同时两臂至于体侧，提踵蹲转180°成站立，两臂侧平举，双脚跳起左右脚交换一次落木（左脚在前，落木还是左脚在前）。

[动作要求]

（1）提踵站立转、提踵蹲转时要保持侧平举，上体直立，提踵要高，身体各部位夹紧（脚腕内踝、臀部、腰部、后背夹紧）；转体180°时，在站立要求的基础上靠肩、髋、踝带动转体。

（2）双脚跳起交换腿一次落木要求身体保持直立，在脚踝蹬直（绷脚尖）的基础上控制身体平衡。

[辅助练习]

（1）在地面练习侧平举提踵立转180°，提踵蹲转180°和跳起交换腿一次落木练习。

（2）一组学生在平衡木上练习，同时可安排另一组学生地面练习，两组交替练习。

［安全提示］

控制平衡木上学生之间的距离。平衡木端落地区放置平整的垫子。

19. 向前变换步—侧交叉步成侧点地—侧波浪—横木向前分腿跳下

［练习目的］

发展平衡能力、肢体配合协调能力和控制能力。

［练习方法］

（1）向前变换步：两臂侧平举，左脚向前一步，右脚靠左脚，同时两臂体前舞蹈一位；左脚向前一步，右脚尖点地，同时左臂侧举右臂前举；交换另一脚重复一次。

（2）侧交叉步成侧点地：转体 90°，两臂侧平举，左脚从后交叉一步（横木方向），接着右脚向右侧一步，右脚尖点地，两臂绕成舞蹈三位，然后自然落至体侧成右臂前举，左臂后上举。

（3）侧波浪：左腿微屈，依次移动至两腿微屈，重心移至右腿，左脚尖点地，同时躯干波浪两臂自然下垂交换至左臂前举，右臂后上举。

（4）向前分腿跳下：右脚并左脚站立，两臂前平举，双脚跳起，双腿向前侧踢起分腿，两臂前举跳下，经半蹲成站立。

［辅助练习］

（1）在地面分解练习，在地面完整练习。

（2）练习分腿跳站立，教师可站在学生后方，两手扶其腰两侧帮助学生跳起分腿及落地。

［安全提示］

（1）教师扶学生大臂，学生在教师的保护帮助下完成侧交叉步。

（2）控制平衡木上学生之间的距离。平衡木下落地区放置平整的垫子。

20. 向前踢腿直接向后举腿成燕式平衡，向前分腿跳下

[练习目的]

发展平衡能力、肢体协调配合能力和控制能力。

[练习方法]

（1）学生木端左脚踏上，两臂保持侧平举，左脚向前一步，右腿向前踢起90°以上，下落直接向后举，同时上体下压，两臂侧平举成燕式平衡2秒（交替向前行进）。

（2）向前分腿跳下：并腿站立，两臂由下向上摆至前举，双脚跳起，双腿向前侧踢起分腿，经半蹲成站立。

[辅助练习]

（1）在地面练习向前踢腿后直接向后举腿，体会支撑腿的重心控制和后背夹紧的感觉，掌握踢腿后重心的协调配合。

（2）在地面练习向前分腿跳下，教师可站在学生后方，两手扶其腰两侧帮助学生跳起分腿及缓冲落地。

[安全提示]

（1）保护的学生可一手扶练习学生的臂部，一手扶其膝部，帮助其做燕式平衡。

（2）控制平衡木上学生之间的距离，前面一名学生到平衡木中部时，后一名学生再开始做。

第三章　快乐体操教学与组织方法

一、直观教学法

（一）直观教学法的作用及特点

体操教学中常用的直观教学法有动作示范、教具演示等。人对事物的认识是首先通过感觉器官开始的。小学生正处于生长发育阶段，从心理角度讲，此阶段学生心理素质不稳定，具有波动性，表现为活泼好动，善于模仿，往往对效率低的讲解易产生厌烦感，而对直观教学法易于接受。运用准确的示范或演示，能够凝聚学生的视线，提高学生的感知度，适时的直观教学往往能收到事半功倍的教学效果。

直观教学法除了教师准确地示范给学生以"视觉直观"外，还有"听觉直观"，即运用较简明和形象化的语言、口令、掌声、哨子帮助学生掌握动作，提示学生的用力时机、程度、节奏等，以此来指挥学生练习动作，培养学生的节奏感、协调性。

此外，直观教学法还有学生的"本体直观"。当学生做动作时，教师用手触摸学生某部位并辅以口头提示，例如触摸其腹部并提示"收腹"，可使学生通过肌肉本体感觉调节身体姿势，最后达到掌握动作的目的。学生在学习动作初期鉴于身体素质和技术原因，不能独立完成或完成得不好时，教师利用辅助练习法的模拟练习，使其体会正确的技术要领和肌肉本体感觉，消除其紧张情绪和多余的肌肉紧张，使其循序渐进地形成正确完整的动作概念，加速掌握动作。

（二）直观教学法运用举例

1. 直观的针对性和强化性

例如，跑跳练习中"双脚踏板"跳箱练习，要使小学生明确基本技术，显然不是只用语言就能表达清楚的，直观示范能使"上步""起跳""亮相"等形象鲜明地展现在学生眼前，使技术特点通过观察映入学生的脑海。再如，垫上的"熊猫滚动""猩猩爬"亦是如此，把动作完整示范后，在需要突出的地方加以教学提示的强调，才可以让小学生有深刻的印象。有时展示错误动作、引起正误对比，或加入有趣的例子，更能激发其形象思维，从而收到良好的效果。

2. 直观的可接受性

示范必须考虑到动作的性质、小学生的运动能力和心理特点。一般的示范规律是简单动作精确示范，如开始动作的示意与结束动作的亮相。简单技术高质量示范，如蹦床冰棍跳、垫上的仰撑爬行、团身滚动等简单动作。易出危险的动作要做安全示范，强调需示范出必须注意之点，例如蹲摆成手倒立时必须"抬头顶肩看支撑手（垫子）"。这样学生就会感到所学的内容难易适中，有吸引力、有尝试劲、有模仿去完成的信心，学习就会有成效。

3. 直观的带动性

体操教学从直观示范讲解到实践试做，这对学生而言还存在一个心理转化过程，谁来第一个试做好。教师一般都有意地让技术动作稳定的学生第一个试做，对貌似难险而只要有勇气有巧劲就能轻而易举地完成的动作，教师如能预先挑选出一个技术水平不高的学生带头顺利进行直观试做就更有实际意义。观察各种试做后简要归类评析，提出该表扬的学生，或该继续努力的学生。课结束时如必要可重点对某一技术动作进行巩固示范。

（三） 直观教学法的注意事项

（1）直观教学不仅仅限于技术动作学习，教师的为人师表是影响学生德行学风方面的一种极为重要的因素，特别是对于低年级小学生来说教师的言行举止更为重要。

（2）直观必须有明确的目的性，同时注意实效性，体育教师要在实践过程中体验总结找到适合小学生的接受方式。例如，在运用正误对比性直观教学法时，应注意副刺激（即错误的模仿和强调）强度不能超过主刺激（正确面刺激）的强度，以免产生负作用。

（3）良好的感知与预先的兴奋性有密切的关系，因此直观性的运用应重视对注意力的引导，教师的首要能力是能把学生的注意力吸引过来。

持伸直紧张姿势，双臂上举或屈肘贴于胸前，侧滚翻使身体横向滚动。身体在滚动过程中要控制好方向避免出现歪斜。

（2）组织学生先进行 2 轮练习，对此练习基本掌握后，再开始组织接力赛游戏。

（3）布置垫子时各小组之间间距要足够大，防止学生滚动出垫子与另一组跑动的学生相撞。

（4）可空手接力，也可以手抱海绵条或矿泉水瓶进行接力。

（三）游戏竞赛法的注意事项

1. 明确并自觉遵守游戏规则

教师在进行游戏的教学前，必须使每个学生明确游戏规则，并要求学生自觉遵守，培养其组织性、纪律性。

教师要鼓励学生勇敢、机智地克服困难，依靠集体的智慧去争取胜利，使学生在游戏中培养良好的意志品质。同时要注意避免冲突和事故的发生，在出现意外事件时，利用规则处理，培养学生良好的组织纪律观念。

2. 把安全放在第一位

在体操游戏活动过程中，学生兴奋性高，安全意识较低，容易出现伤害事故。因此，在创编游戏时必须防患于未然，尽可能排除不安全因素，在创编难度大、带有危险性的动作时，要充分考虑游戏对象的年龄、运动能力等因素。对于容易出现的不安全因素，应发挥规则约束作用。另外，在教法提示中明确指出游戏中容易出现伤害事故的环节，并提出相应的安全措施。

3. 突出育人的特点

体操游戏趣味性强能吸引学生积极、主动地投入到游戏活动中来。学生思想、行为、个性品质都能在游戏中得到充分展示，教师应能抓住有利时机，因势利导、有的放矢地进行教育。因此，选择游戏时要充分考虑育人性。

四、情境教学法

（一）情境教学法的作用及特点

体育情境教学是教师根据教学内容和学生实际，通过设置相关的故事情节、特定的场地器材，通过教师形象生动的比喻和情感氛围烘托，提高学生体育学习的情趣，从而帮助学生更好地理解教学内容。它能够有效提高学生的兴趣，调动学生参与练习的内驱力、注意力。情境教学可以为学生提供良好的暗示或启迪，有利于培养学生的创造性思维和想象力。

（二）情境教学法运用举例

小学"快乐体操课"学习技能：单杠悬垂移动、平衡木提踵走、挺身跳下。

情景主题：西游记之大圣归来

第一阶段——导入情景和准备活动阶段

引导语：有一天大圣和唐僧在去西天取经的路上遇到了一对老夫妇，大圣二话没说就把他们给打死了，结果唐僧一气之下把大圣给赶走了，没想到大圣刚走不久，唐僧就被这对妖怪假扮的夫妇给抓走了，大圣知道后很快踏上了解救师父的旅程，那各位大圣跟着老师一起去救师父好吗？

第二阶段——在情境中体操技能练习阶段

第一项学习项目：单杠悬垂移动

引导学生把自己想做是大圣，要想救师父首先就必须穿过这片森林，通过完成单杠悬垂移动才能够穿过大森林，并告诉学生完成的动作要标准才能踏上下一段路程。通过此方法引导学生积极参与练习，提高学生的上肢力量和身体协调能力，培养学生对单杠的兴趣。

第二项学习项目：平衡木提踵走，挺身跳下

教师带领学生来到第二个冒险地点，告诉学生：想要救师父必须横渡通天河，学生想象平衡木下面是河水，必须完成平衡木提踵走、挺身跳下才能救到师父。最后，学生通过自己的努力，终于把唐僧救了出来。通过此方法引导学生积极参与练习，提高他们的身体灵活性和平衡能力，培养其对平衡木的兴趣。

第三阶段——导出情景和总结阶段

教师总结学生的练习情况，指出练习中的不足，鼓励学生要加强锻炼，最后教师带领大家唱儿歌"猴哥猴哥……"结束体操课。

（三）情境教学法的注意事项

（1）故事情节讲解过程中语言一定要生动形象，能够吸引学生们的注意力，激发他们的学习兴趣。活动前，要进行情景诱导和竞争欲望的调动。教师进行情境教学，要让学生"入境"，要让学生"摩拳擦掌"，要让学生"想玩"，学生有了这样的心理调动，就能产生对练习的动机和兴趣。

（2）活动中教师要不断激发学生的情感反应，要善于利用各种情境。例如，通过学生相互加油、给予现场鼓励、增减比赛次数等多种方法不断激发学生们的参与热情。

（3）要注意教学活动中的个体差异。由于每个学生的知识和能力水平不同，在体能上有先天差异，所以，在教学中让每个学生都能最大限度地体验运动乐趣是非常重要的。要针对学生的个体差异，进行"成功体育"式的教学方法，使每个学生都体验到乐趣，从而达到教学目的。

（4）活动后要将学习和比赛进行有机结合，不能"为游戏而游戏""为情境而情境"，要通过总结、讲解和讲评等方式对教学进行总结，对学生的技能学习及提高情况向学生进行反馈，同时通过总结等对学生进行其他方面的教育。

五、循环练习法

（一）循环练习法的作用及特点

循环练习法是快乐体操教学方法中一种常用的练习组织形式。教学中根据练习任务的需要选定若干练习手段，设置几个相应的练习站点和不同的练习内容，学生按规定顺序、路线和练习要求，逐站依次进行练习。循环练习法的结构要素包括每站的练习内容、每站的运动负荷、练习站的安排顺序、练习站之间的间歇、循环练习的组数。

　　循环练习法可以充分利用时间加大课的练习密度，使练习的项目内容多样化，满足小学生喜欢变化、求新求异的特点，提高学生的学习兴趣，同时使学生身体得到全面锻炼。

（二）循环练习法运用举例

　　教学内容：蹦床"冰棍跳"，垫上直臂直体俯撑，平衡木"足尖步走"。

　　方法应用：练习第一站（组）最好先安排蹦床项目，因为蹦床项目"冰棍跳"能使学生在练习的过程中达到热身的目的。练习第二站（组）安排垫上直臂直体俯撑，因为前一项蹦床项目主要发展学生的弹跳能力，对腿部的作用更大一些，接下来的项目不宜再对腿部有过多的刺激。蹦床练习已经使学生的心率处于高水平状态，这个年龄段的学生练习的强度不宜太大，原地直臂直体俯撑恰好能让学生得到有效的缓冲，避免心肺负荷太大。练习第三站（组）安排平衡木"脚尖步走"，让学生再动起来，为接下来继续练习蹦床做好准备。所以练习的顺序最好为"蹦床—直臂直体俯撑—平衡木"，然后循环练习。练习中教师重点观察照顾相对安全性稍差的蹦床项目，兼顾其他两项练习。

（三） 循环练习法的注意事项

（1） 在教学课中采用循环练习法的前提是学生对所安排的练习内容都已经学习并基本掌握，且是安全性较高的项目。

（2） 安排的练习站最好为 3~4 个站点，安排的练习站太多，不利于教师的管理，学生容易出现安全问题。教师应集中注意力于学生易出现安全隐患的项目，或者教师站在一个适当的位置，能看到所有学生的活动。

（3） 站与站间歇时间不能太长，否则不利于下一站项目的练习。各站的练习量和时间设计尽量一致，便于等时轮换，不会在某一站长时间排队等待。

第四章 快乐体操教学文件

　　教师制订教学文件是教学过程中一项重要的基础工作。合理、切实的教学文件有助于教师按计划实施有效的教学方法和手段，有助于向教学决策与管理部门提供准确的信息与数据。教学文件不是一成不变的，教师应根据客观实际与时俱进，定期对教学文件进行优化改进，保证教学文件与教学设计和谐统一。

一、教学大纲及教学进度

　　教学大纲是以纲要的形式，根据教学计划中规定的任务、要求和学时编写的课程内容范围和顺序的指导性文件，是选编教材和教师进行教学的主要依据，对教师的教学工作起直接的指导作用。教学大纲由课程性质、课程教育目标、教学内容及基本要求、学时分配、考核安排、大纲实施说明和建议等内容组成。

　　教学进度是根据教学大纲内容制订的，教学进度根据课的总时数以及每个学期上课时数，将教学内容合理地安排到每次课中去。

二、小学低年级教学大纲及教学进度

　　［课程类别］校本必修课

［适用对象］小学 1～2 年级

［学时］2 学期 36 学时

1. 课程性质与目标

遵照"健康第一"的指导思想，以身体练习为主要手段，强调实践性特征；重视教学内容的基础性，培养学生掌握基本的体操技能和方法；注重教学组织趣味性，并且与学生的生活经验相联系，激发学生参与兴趣，体验体操运动乐趣。

通过本课程的学习，使此年龄阶段的学生初步学习与掌握队列、徒手操、跳跃、滚动、爬行、悬垂、支撑、平衡等体操锻炼的基本动作技能，为塑造学生良好的身体姿态奠定基础；初步发展学生的协调性、柔韧性以及灵敏性，使学生的身体素质得到提升，为学生参加其他体育课程学习奠定基础；促进学生一般性徒手肢体运动能力和生活实践能力的发展，使学生具有在活动中自我保护和安全锻炼的基础意识与基础能力；培养学生在集体活动中的主动合作精神，使学生初步具有与他人合作的意识。

2. 教学内容

各学校根据自身场地、器材条件等，结合实际可选择其中部分教学项目和内容。

项目	教学内容
垫上	团身前后滚动（熊猫滚动）、直体侧滚（原木滚动） 异手异脚爬（猩猩爬）、团身侧滚翻（驴打滚） 分腿体前屈、并腿体前屈、原地直体跳转 90°×4 次 同手同脚侧向爬（螃蟹爬）、原地直体跳转 180°×2 次 屈膝仰撑前进爬、后退爬、屈膝仰卧起坐
蹦床	两臂下垂跳（冰棍跳）、手叉腰跳 前后开合跳、左右开合跳、两臂上举跳 跳转 90°×4 次、带臂跳、团身跳

续表

项目	教学内容
跳越	跑跨障碍（泡沫块 80 厘米间距）、并腿跳障碍（泡沫块 50 厘米间距） 助跑并腿起跳至垫上（20～30 厘米），并腿跳下 助跑并腿起跳跃起俯卧高垫子（70 厘米），经坐撑跳下垫子 原地向前跃手撑高垫（40 厘米）成跪撑，站起并腿跳下 助跑并腿起跳手撑高垫（70 厘米）成跪撑，站起蹲跳下 平垫上连续向前蹲撑前进 原地向前跃起手撑高垫（40 厘米）成蹲撑，挺身跳下 助跑支撑跳上高垫（70 厘米）成蹲撑，蹲跳下
单杠	直腿收腹脚着地，双手抓杠悬垂 10～15 秒 直腿收腹脚着地，双手抓杠悬垂左、右移动 收腹屈膝双脚离地，双手抓杠悬垂 15～20 秒 悬垂"振摆"：悬垂开始，身体前收后挺连续振摆 5～8 次 走浪回荡：向前走 3 步，身体前伸回荡 走浪转体 180°：向前走 3 步，转体 180°站立 出浪回荡：跳起抓杠向前出浪回荡站立结束 双手抓杠，双脚离地，悬垂向侧移动 1 米
双杠	杠上双臂支撑 5 秒，左右移动身体重心 5 次 杠上双臂支撑，收腹分腿坐，向前移动 1 米 杠上双臂支撑，前摆、收腹、分腿坐杠，还原支撑 3 次 杠上分腿坐，双手前支撑，向前移动 一杠悬垂，双腿弯屈挂在另一杠上，引体向上 5 次
平衡木	木上爬行 木端踏上，向前走至木端，向前跳下 木端踏上，向左（向右）侧并步走至木端，向前跳下 起踵立八拍，转体 180° 木端踏上，足尖步走至木端，转体 90°向前跳下 足尖步走，双脚提踵站立转体 180° 柔软步走、弹簧步走、前踢腿、挺身跳下

续表

项目	教学内容
室内教学	快速反应能力游戏：打手游戏 快速反应能力游戏：抓手游戏 反应和弹跳能力游戏：石头—剪子—布（脚） 肩部柔韧性练习：搭小桥（双人互压肩） 站姿手握书侧平举，前平举

3. 教学考核与成绩评定

学生完成各单项规定动作，教师给予评价。教师应采用激励式语言评价方式，鼓励每个学生不断地提高自己的动作完成质量与综合能力。

A 很棒（优秀）：掌握并很高质量地完成动作。

B 不错（良好）：基本完成动作。

C 加油（一般）：还处在学习阶段，不能独立完成好动作。

4. 教学组织要求与建议

（1）丰富体操课教学组织和练习形式，加强学生课堂练习的密度。例如：教学中可采用一个主要练习内容由教师重点督导，同时安排第二个练习（复习内容或身体素质练习）由学生自觉完成，形成两站式循环练习。

（2）教学内容可采用先集体练习后分组竞赛等游戏化组织形式，调动学生积极性；运用"情境教学法"以增加练习趣味性，使体操教学活动更加符合学生的年龄特点及身心发展的需求。

（3）快乐体操课特殊规定：一个自然班 40～45 名学生，应安排一名小学教师和一名高校研究生教师分组教学。体操教学中练习单杠、双杠、蹦床等项目学生必须依次轮流使用器械，因此可以分组轮换进行练习以提高学生的练习密度，同时也提高了教学安全性。

（4）教师必须建立良好的课堂练习秩序，练习前提醒并教育学生安全注意事项。课前场地器材要进行检查，课后对器材进行维护保养，确保教学顺利进行。

一年级（上学期）教学进度

课次	内容及要求
1	跑跳：10 米跑跨障碍（泡沫块 80 厘米间距） 单杠：半悬垂移动（双手抓杠，直腿收腹，双脚着地向左移动 1 米）
2	跑跳：10 米并腿跳障碍（泡沫块 50 厘米间距） 单杠：半悬垂移动（双手抓杠，直腿收腹，双脚着地向右移动 1 米）
3	跑跳：助跑并腿起跳至垫上（20～30 厘米），并腿跳下 单杠：双手抓杠悬垂，双脚离地，悬垂 10 秒
4	跑跳：助跑并腿起跳跃起俯卧高垫子（约 70 厘米），经坐撑跳下垫子 单杠：悬垂"振摆"，身体前收后挺连续振摆 5 次跳下
5	跑跳：助跑，并腿起跳跃起俯卧高垫子（约 80 厘米），经坐撑跳下垫子 单杠：悬垂"振摆"，身体前收后挺连续振摆 5 次跳下
6	垫上：团身前后滚动（熊猫滚动），初步掌握动作技术 蹦床：两臂下垂跳（冰棍跳），初步掌握动作技术
7	垫上：团身前后滚动（熊猫滚动），掌握动作技术 蹦床：两臂下垂跳（冰棍跳），掌握动作技术
8	垫上：柔韧练习分腿体前屈、并腿体前屈，初步掌握动作技术 蹦床：两臂下垂跳（冰棍跳），熟练掌握动作技术
9	垫上：异手异脚爬（猩猩爬），柔韧练习分腿体前屈、并腿体前屈 蹦床：前后开合跳，初步掌握动作技术
10	垫上：异手异脚爬（猩猩爬） 蹦床：前后开合跳，掌握动作技术
11	垫上：并腿直臂直体俯撑 15 秒，用脚背着地 15 秒 平衡木：木端爬行至另一端
12	垫上：并腿收腹屈腿背撑 10 秒，并腿直臂直体背撑 10 秒 平衡木：木端爬行至另一端
13	双杠辅助：并腿俯撑开始，左右手依次"倒手"5 次 平衡木：木端踏上，前后脚站立，两手叉腰向前走至木端，向前跳下，成站立

课次	内容及要求
14	垫上：俯撑屈体直腿向前爬行5米 平衡木：木端踏上，向左转体90°，侧并步走至木端，跳下
15	垫上：仰撑爬行（收腹屈腿背撑，向前和向后爬行5米） 平衡木：木端踏上，向右转体90°，侧并步走至木端，跳下
16 – 18	雾霾或风雨天在教室内由体育教师组织进行教学 上课时间机动，根据本学期内实际天气情况而定

一年级（下学期）教学进度

课次	内容及要求
1	垫上：双臂上举直体侧滚（原木滚动），初步掌握动作技术 蹦床：叉腰跳，初步掌握动作技术
2	垫上：双臂上举直体侧滚（原木滚动），掌握动作技术 蹦床：叉腰跳，掌握动作技术
3	垫上：异手异脚爬（猩猩爬），柔韧练习分腿体前屈、并腿体前屈 蹦床：叉腰跳，熟练掌握动作技术
4	垫上：团身测滚翻（驴打滚），初步掌握动作技术 蹦床：向侧分合跳，初步掌握动作技术
5	垫上：团身测滚翻（驴打滚），掌握动作技术。 蹦床：向侧分合跳，掌握动作技术
6	垫上：并腿直体俯撑20秒，并腿直体俯撑（脚背着地）20秒 平衡木：木端踏上，足尖步走到另一端跳下
7	垫上：并腿直体仰撑15秒 平衡木：木端踏上，足尖步走到另一端跳下
8	垫上：并腿直体俯撑开始，左右手依次"倒手"5次 平衡木：木端踏上，转体90°，侧并步走至木端，向前跳下

续表

课次	内容及要求
9	垫上：收腹屈腿仰撑，向前和向后爬行 8 米 平衡木：平衡木上前后脚站立，两臂侧平举提踵站立，转体 180°
10	垫上：收腹屈腿仰撑，向前和向后爬行 8 米 平衡木：平衡木上前后脚站立，两臂侧平举提踵站立，转体 180°
11	跳越：10 米并腿跳障碍（海绵或泡沫块） 单杠：半悬垂移动（双手抓杠，直腿收腹双脚着地侧移动）
12	跳越：助跑并腿起跳至低垫上（30 厘米），并腿跳下 单杠：半悬垂移动（双手抓杠，直腿收腹双脚着地侧移动）
13	跳越：助跑并腿起跳至低垫上（20~30 厘米），并腿跳下 单杠：半悬垂移动（双手抓杠，直腿收腹双脚着地侧移动）
14	跳越：助跑并腿起跳跃起俯卧高垫子（约 100 厘米），经坐撑跳下 单杠：双手抓杠，双脚离地，悬垂 15 秒
15	跳越：助跑并腿起跳跃起俯卧高垫子（约 100 厘米），经坐撑跳下 单杠：悬垂"振摆"（连续振摆 5 次跳下）
16 – 18	雾霾或风雨天在教室内由体育教师组织进行教学 上课时间机动，根据本学期内实际天气情况而定

二年级（上学期）教学进度

课次	内容及要求
1	跳越：三步助跑并腿跳上垫子（约 30 厘米），挺身跳下 单杠：走浪回荡（向前走三步，身体前伸回荡）
2	跳越：平垫上连续向前跪撑前进 单杠：走浪转体 180°（向前走三步，向左转体 180° 站立）
3	跳越：原地向前跃手撑高垫（约 50 厘米）成跪撑，站起并腿跳下 单杠：双手抓杠，双脚离地，悬垂 20 秒

续表

课次	内容及要求
4	跳越：助跑并腿起跳手撑高垫（约60厘米）成跪撑——站起跳下 单杠：悬垂"振摆"10次跳下
5	跳越：助跑并腿起跳手撑高垫（70厘米）成跪撑——站起跳下 单杠：悬垂"振摆"10次跳下
6	垫上：原地直体跳转90°×4次，初步掌握动作技术 蹦床：两臂上举跳，初步掌握动作技术
7	垫上：原地跳转90°×4次，掌握动作技术 蹦床：两臂上举跳，掌握动作技术
8	垫上：原地跳转90°×4次；练习屈膝仰卧起坐 蹦床：两臂上举跳，熟练掌握动作技术
9	垫上：同手同脚侧向爬（螃蟹爬），初步掌握动作技术 蹦床：跳转90°×4次，初步掌握动作技术
10	垫上：同手同脚侧向爬（螃蟹爬），掌握动作技术 蹦床：跳转90°×4次，掌握动作技术
11	双杠：杠上双臂支撑5秒，左右移动身体重心5次 平衡木：一端踏上，向前走至木端向前跳下成站立。
12	双杠：杠上双臂支撑，收腹分腿坐，向前移动1米 平衡木：一端踏上，侧并步（双手叉腰四拍、侧平举四拍）走至木端跳下。
13	双杠：杠上双臂支撑，收腹前摆分腿坐杠再还原重复3次 平衡木：一端踏上，侧并步（叉腰四拍、侧平举四拍）走至木端跳下。
14	双杠：分腿坐双手前支撑移动 平衡木：一端踏上，脚尖步走到木端跳下成站立
15	双杠：双杠一杠悬垂，双腿弯曲挂在另一杠上，引体向上3次 平衡木：前后脚站立，提踵站立转体180°。
16－17－18－	雾霾或风雨天在教室内由体育老师组织教学。 上课时间机动，根据本学期内实际天气情况而定。

二年级（下学期）教学进度

课次	内容及要求
1	垫上：原地直体跳转180°×2次，初步掌握动作技术 蹦床：带臂跳，初步掌握动作技术
2	垫上：原地直体跳转180°×2次，掌握动作技术 蹦床：带臂跳，掌握动作技术
3	垫上：原地直体跳转180°×2次，练习屈膝仰卧起坐 蹦床：带臂跳，熟练掌握动作技术
4	垫上：屈膝仰撑后退爬，初步掌握动作技术 蹦床：团身跳，初步掌握动作技术
5	垫上：屈膝仰撑后退爬，掌握动作技术 蹦床：团身跳，掌握动作技术
6	双杠：杠上双臂支撑5秒，左右移动身体重心5次 平衡木：平衡木端踏上，前后脚站立，提踵站立经舞蹈三位手转体180°
7	双杠：杠上分腿坐，双手前支撑，向前移动 平衡木：柔软步屈伸走，双手叉腰或侧平举
8	双杠：杠上双臂支撑前摆、收腹、分腿坐杠，还原支撑3次 平衡木：前踢腿。左、右腿交换前踢腿约90°走到木端
9	双杠：杠上双臂支撑前摆、收腹、分腿坐杠，还原支撑3次 平衡木：挺身跳下（向上带臂至侧上举，两腿蹬离木后挺身跳下）
10	双杠：一杠悬垂，双腿弯曲挂在另一杠上，引体向上5次 平衡木：弹簧步走，两臂交替进行小波浪。
11	跳越：平垫上连续向前蹲撑前进，平地上挺身跳 单杠：走浪回荡，向前走三步，身体前伸回荡
12	跳越：原地向前跃起手撑高垫（约50厘米）成蹲撑，挺身跳下 单杠：出浪回荡，跳起抓杠向前出浪回荡站立结束

续表

课次	内容及要求
13	跳越：复原地向前跃起手撑高垫（约50厘米）成蹲撑—挺身跳下 单杠：双手抓杠、悬垂、双脚离地，侧向移动1米。
14	跳越：助跑支撑跳上高垫（约60厘米）成蹲撑—蹲跳下 单杠：悬垂"振摆"5次跳下
15	跳越：助跑支撑跳上高垫（约70厘米）成蹲撑—蹲跳下 单杠：悬垂"振摆"，引体向上5次
16～18	雾霾或风雨天在教室内由体育教师组织进行教学 上课时间机动，根据本学期内实际天气情况而定

三、小学中年级教学大纲及教学进度

［课程类别］校本必修课

［适用对象］小学3～4年级

［学时］2学期36学时

1. 课程性质与目标

本课程遵照"健康第一"的指导思想，以身体练习为主要手段，强调实践性特征；重视教学内容的基础性，培养学生掌握基本的体操技能和方法；注重教学组织趣味性，并且与学生的生活经验相联系，激发学生参与兴趣，体验体操运动乐趣。

通过本课程的，使学生熟练掌握跳跃、滚动、悬垂、支撑、平衡等体操锻炼的基本动作技能，塑造学生良好的身体姿态；发展学生的协调性、柔韧性以及灵敏性，使学生的身体素质得到提升，为学生参加其他体育课程活动奠定基础；在促进学生运动能力发展的同时，使其具有在活动中自我保护的意识和安全锻炼的能力；培养学生在集体活动中的合作精神，使学生具有与他人合作的团队意识，培养学生克服困难、勇敢顽强的意志品质。

2. 教学内容

项目	教学内容
垫上	原地挺身跳（并腿、分腿），前滚翻成直角坐 单腿站立平衡，另一腿前、侧、后下举 分腿坐滚动转体90°~180°（陀螺转） 直角坐经单肩后滚翻成跪，团身前滚翻接挺身跳 燕式平衡、双人互助斜面支撑 直角坐，后滚成肩肘倒立，团身后滚翻
蹦床	跳转180°×4次 带臂跳2次、分腿跳1次（联合动作循环） 分腿坐弹起4次 并腿跪弹起 并腿跪弹起转体90° 并腿坐弹起 吸腿跳（团身跳）
跳越	跑动跨障碍—翻越横跳箱 助跑支撑跳上成分腿坐撑，撑起站立跳下箱 助跑支撑跳上经分腿蹲撑跳下 助跑支撑跳上经并腿蹲撑跳下 跳箱斜进俯腾越 山羊分腿腾越 跳箱斜进直角腾越分解练习
单杠	悬垂振摆，引体向上（微屈臂）5次 悬垂，向左或向右转体180°移动1米 悬垂单脚蹬地收腹举腿脚碰杠5次 悬垂单脚蹬地收腹举腿团身后翻、前翻 跳上成支撑，换成正反握，团身向前翻下 跳起抓杠向前摆动回荡 双人互助引体向上 悬垂收腹举腿脚碰杠5次，收腹直腿屈臂悬垂5秒 脚蹬高台，向后翻身上成支撑、前翻下

项目	教学内容
双杠	双手抓杠悬垂，双腿屈膝挂杠，引体向上 5 次 跳上分腿坐，屈膝挂杠，臂屈伸 5 个 双手抓杠悬垂，双腿屈膝挂杠，翻上支撑成分腿坐 跳上支撑，向前行进 1 米，侧身跳下 跳上支撑，前摆外侧坐（左、右），支撑跳下 支撑小摆动 支撑分腿坐，前撑后摆并腿进杠外侧坐，转体 90°下 双脚勾杠成手倒立 支撑前摆外侧坐，转体 180°跨两杠成分腿坐，转体 90°下
平衡木	纵木小兔左右跳 脚尖步，转体 180°，后退步走，转体 90°向前跳下 向前弹簧步走，向前挺身跳下 提踵站立，提踵蹲立，双脚跳起交换腿落木 向前踢腿 – 后踢腿 – 前踢腿，团身跳下成站立 窄木上爬行 柔软步走，蹲转 180°，跳起交换腿落木，团身跳下 向前、向侧、向后控腿各 5 秒 向前踢腿走，向侧踢腿走，向后踢腿走，分腿跳下

3. 教学考核与成绩评定

学生完成各单项规定动作，教师给予评价。评价不采用竞技体操精确量化评分的方式，教师应采用激励式语言评价、模糊分段定性评价，其目的是鼓励每个学生不断地提高自己的动作完成质量与综合能力，通过考核帮助学生肯定自己的进步，认识自己的不足。

A（优秀）：熟练掌握并很高质量地完成动作。

B（良好）：基本掌握并完成动作。

C（一般）：还处在阶段，不能独立完成好动作。

4. 教学组织要求与建议

（1）丰富体操课教学组织和练习形式，加强学生课堂练习的密度。例如：教学中可采用分组轮换的练习形式，一个主要练习内容由教师重点督导，其他复习内容或身体素质练习安排第二个组、第三个组练习，由小组长负责组织学生自觉完成，形成多站式循环练习。

（2）教学组织可采用先集体练习后分组竞赛等游戏化组织形式，调动学生积极性；运用"情境教学法"以增加练习趣味性，使体操教学活动更加符合学生的年龄特点及身心发展的需求。

（3）快乐体操课特殊规定：一个自然班40名学生左右，师资条件允许可安排一名小学教师和一名研究生分组教学。体操教学中练习单杠、双杠、蹦床等项目学生必须依次轮流使用器械，因此可以分组轮换进行练习以提高学生的课堂练习密度，也提高教学安全性。

（4）教师必须建立良好的课堂练习秩序，练习前提醒并教育学生注意安全事项。课前场地器材要进行检查，课后对器材进行维护保养，确保教学顺利进行。

三年级（上学期）教学进度

课次	内容及要求
1	跳越：（横跳箱）跑动跨障碍—翻越横跳箱 单杠：悬垂振摆，引体向上（微屈臂）5次
2	跳越：（横跳箱）跑动跨障碍—翻越横跳箱 单杠：悬垂，向左或向右转体180°，移动1米
3	跳越：（纵跳箱）助跑支撑跳上成分腿坐撑，站立箱上，走至箱端跳下 单杠：悬垂，向左或向右转体180°，移动1米
4	跳越：（纵跳箱）助跑支撑跳上成分腿坐撑，站立箱上，走至箱端跳下 单杠：双脚悬垂蹬地收腹举腿双脚碰杠，重复5次
5	跳越：（纵跳箱）助跑跳上成分腿坐撑—站立箱上—走至箱端跳下 单杠：悬垂单脚蹬地收腹举腿脚碰杠，重复5次

课次	内容及要求
6	垫上：原地挺身跳（并腿、分腿），初步掌握动作技术 蹦床：跳转180°×4次，初步掌握动作技术
7	垫上：前滚翻成直角坐，初步掌握动作技术 蹦床：跳转180°×4次，掌握动作技术
8	垫上：前滚翻成直角坐，初步掌握动作技术 蹦床：跳转180°×4次，熟练掌握动作技术
9	垫上：一腿站立平衡，另一腿前、侧、后下举 蹦床：带臂跳2次，分腿跳1次（联合动作循环）
10	垫上：一腿站立平衡，另一腿前、侧、后下举 蹦床：带臂跳2次，分腿跳1次（联合动作循环）
11	双杠：双手抓杠悬垂，双腿屈膝挂杠，引体向上5次 平衡木：纵木小兔左右跳
12	双杠：跳上分腿坐，屈膝挂杠，臂屈伸5个 平衡木：脚尖步，转体180°，后退步走，转体90°向前跳下
13	双杠：跳上分腿坐，屈膝挂杠臂屈伸5个 平衡木：脚尖步，转体180°，后退步走，转体90°向前跳下
14	双杠：双手抓杠悬垂，双腿屈膝挂杠，翻上支撑成分腿坐 平衡木：提踵站立，提踵蹲立，双脚跳起交换腿落木
15	双杠：双手抓杠悬垂，双腿屈膝挂杠，翻上支撑成分腿坐 平衡木：提踵站立，提踵蹲立，双脚跳起交换腿落木
16－18	上课内容机动，教师根据本学期实际情况而定

三年级（下学期）教学进度

课次	内容及要求
1	垫上：分腿坐滚动转体90°，初步掌握动作技术 蹦床：分腿坐弹起4次，初步掌握动作技术
2	垫上：分腿坐滚动转体180°，掌握动作技术 蹦床：分腿坐弹起4次，掌握动作技术
3	垫上：直角坐经单肩后滚翻成跪，初步掌握动作技术 蹦床：分腿坐弹起4次，熟练掌握动作技术
4	垫上：直角坐经单肩后滚翻成跪，进一步掌握动作技术 蹦床：带臂跳2次，分腿跳1次（联合动作循环）
5	垫上：前滚翻成直角坐—经单肩后滚翻成跪，掌握动作技术 蹦床：带臂跳2次，分腿跳1次（联合动作循环）
6	双杠：跳上支撑，向前行进0.5米，侧身跳下 平衡木：纵木小兔左右跳
7	双杠：跳上支撑，向前行进0.5米，侧身跳下 平衡木：向前弹簧步走，向前挺身跳下
8	双杠：跳上支撑，前摆外侧坐（左）—前摆外侧坐（右），支撑跳下 平衡木：向前弹簧步走，向前挺身跳下
9	双杠：跳上支撑，前摆外侧坐（左）—前摆外侧坐（右），支撑跳下 平衡木：向前踢腿—后踢腿—前踢腿，团身跳下成站立
10	双杠：跳上支撑，前摆外侧坐（左）—前摆外侧坐（右），支撑跳下 平衡木：向前踢腿—后踢腿—前踢腿，团身跳下成站立
11	跳越：（横跳箱）助跑支撑跳上经分腿蹲撑跳下 单杠：悬垂振摆，引体向上（微屈臂）5次
12	跳越：（横跳箱）助跑支撑跳上经分腿蹲撑跳下 单杠：悬垂单脚蹬地收腹举腿团身后翻、前翻，重复2次
13	跑跳：（横跳箱）助跑支撑跳上经并腿蹲撑跳下 单杠：悬垂单脚蹬地收腹举腿团身后翻、前翻，重复2次

课次	内容及要求
14	跑跳：（横跳箱）助跑支撑跳上经并腿蹲撑跳下 单杠：跳上成支撑，换成正反握，团身向前翻下
15	跑跳：（横跳箱）助跑支撑跳上经并腿蹲撑跳下 单杠：跳上成支撑，换成正反握，团身向前翻下
16－18	上课内容机动，教师根据本学期实际情况而定

四年级（上学期）教学进度

课次	内容及要求
1	跳越：跳箱斜进俯腾越（团身）（跳箱高 70 厘米左右） 单杠：跳起抓杠向前摆动回荡
2	跳越：跳箱斜进俯腾越（团身）（跳箱高 70 厘米左右） 单杠：跳起抓杠向前摆动回荡
3	跳越：助跑支撑跳上经分腿蹲撑跳下（跳箱高 70 厘米左右） 单杠：双人互助引体向上
4	跳越：短距离助跑低山羊分腿腾越（山羊高度 70 厘米左右） 单杠：双人互助引体向上
5	跳越：助跑（5 米左右），山羊分腿腾越（山羊高度 90 厘米左右） 单杠：悬垂收腹举腿脚碰杠 5 次，收腹直腿屈臂悬垂 5 秒
6	垫上：团身前滚翻，初步掌握动作技术 蹦床：并腿跪弹起，初步掌握动作技术。
7	垫上：团身前滚翻，进一步掌握动作技术 蹦床：并腿跪弹起，进一步掌握动作技术
8	垫上：团身前滚翻接挺身跳，基本掌握连接技术 蹦床：并腿坐弹起（中间可加空跳）
9	垫上：燕式平衡、双人互助斜面支撑，初步掌握动作技术 蹦床：并腿坐弹起

续表

课次	内容及要求
10	垫上：燕式平衡、双人互助斜面支撑，进一步掌握动作技术 蹦床：联合动作（预跳→跪弹转体 90°×4 次→并腿坐弹起 4 次）
11	双杠：跳上支撑小摆动 5 次，停稳支撑 2 秒，侧身跳下 平衡木：木上爬行
12	双杠：跳上支撑小摆动 5 次，停稳支撑 2 秒，侧身跳下 平衡木：脚尖步走，转体 180°，后退步走，转体 90°向前跳下
13	双杠：杠端跳上支撑分腿坐，前进一次前摆外侧坐，转体 90°跳下 平衡木：脚尖步走，转体 180°，后退步走，转体 90°向前跳下
14	双杠：杠端跳上支撑分腿坐，前进一次前摆外侧坐，转体 90°跳下 平衡木：柔软步走，蹲转 180°，跳起交换腿落下，团身跳下
15	双杠：杠端跳上支撑分腿坐，前进一次前摆外侧坐，转体 90°跳下 平衡木：柔软步走，蹲转 180°，跳起交换腿落木，团身跳下
16 – 18	上课内容机动，教师根据本学期实际情况而定

四年级（下学期）教学进度

课次	内容及要求
1	垫上：直角坐，后滚成肩肘倒立，初步掌握动作技术 蹦床：并腿跪弹起转体 90°、并腿坐弹起（可接缓冲跳）
2	垫上：直角坐，后滚成肩肘倒立，进一步掌握动作技术 蹦床：并腿跪弹起转体 90°、并腿坐弹起，进一步掌握动作技术
3	垫上：团身前滚翻成直角坐接后滚成肩肘倒立，基本掌握连接 蹦床：吸腿跳（团身跳），初步掌握动作技术
4	垫上：团身后滚翻，初步掌握动作技术 蹦床：吸腿跳（团身跳），进一步掌握动作技术

课次	内容及要求
5	垫上：团身后滚翻，进一步掌握动作技术 蹦床：吸腿跳（团身跳），熟悉掌握动作技术
6	双杠：双脚勾杠成手倒立 平衡木：腿前举控 5 秒，腿侧举控 5 秒，腿后举控 5 秒
7	双杠：双脚勾杠成手倒立 平衡木：腿前举控 5 秒，腿侧举控 5 秒，腿后举控 5 秒
8	双杠：支撑前摆外侧坐，转体 180°跨两杠成分腿坐，转体 90°跳下 平衡木：向前踢腿走，向侧踢腿走，向后踢腿走，分腿跳下
9	双杠：支撑前摆外侧坐，转体 180°跨两杠成分腿坐，转体 90°跳下 平衡木：向前踢腿走，向侧踢腿走，向后踢腿走，分腿跳下
10	双杠：支撑前摆外侧坐，转体 180°跨两杠成分腿坐，转体 90°跳下 平衡木：向前踢腿走，向侧踢腿走，向后踢腿走，分腿跳下
11	跳越：助跑山羊分腿腾越（山羊高约 90 厘米） 单杠：悬垂收腹举腿脚碰杠 5 次，收腹直腿屈臂悬垂 5 秒
12	跳越：助跑山羊分腿腾越（羊高约 90 厘米） 单杠：悬垂收腹举腿脚碰杠 5 次，收腹直腿屈臂悬垂 5 秒
13	跳越：斜进两腿依次向前摆起成分腿坐（或并腿坐）后撑，越箱跳下 单杠：脚蹬高台，向后翻身上成支撑、前翻下
14	跳越：跳箱斜进直角腾越（并腿或左右腿依次落地） 单杠：脚蹬高台，向后翻身上成支撑、前翻下
15	跳越：跳箱斜进直角腾越（并腿或左右腿依次落地） 单杠：脚蹬高台，向后翻身上成支撑、前翻下
16－18	上课内容机动，教师根据本学期实际情况而定

四、小学高年级教学大纲及教学进度

［课程类别］校本必修课

［适用对象］小学 5～6 年级

［学时］2 学期 36 学时

1. 课程性质与目标

本课程遵照"健康第一"的指导思想，以身体练习为主要手段，强调实践性特征；重视教学内容的基础性，培养学生掌握基本的体操技能和方法；注重教学组织趣味性，并且与学生的生活经验相联系，激发学生参与兴趣，体验体操运动乐趣。

通过本课程的学习，使学生掌握跳跃、滚动、悬垂、支撑、平衡等体操练习的基本动作技能，塑造学生良好的身体姿态；发展学生的协调性、柔韧性以及灵敏性，使学生的身体素质得到提升，为学生参加其他体育课程活动奠定基础；在促进学生运动能力发展的同时，使学生具有在活动中自我保护的意识和安全锻炼的能力；在练习中让学生相互保护帮助，使学生建立与他人合作的意识。

2. 教学内容

项目	教学内容
垫上	后滚翻成跪，跪跳起 蹬摆成手倒立（靠墙） 团身前滚翻—蹲转 180°—后滚翻成跪 —跪跳起 —挺身跳 侧手翻，仰卧收腹举腿，仰卧举单腿两头起 屈腿头手倒立
双杠	屈臂屈膝挂杠翻上成支撑，臂屈伸 5 次，转体 90°跳下 跳上支撑小摆动，前摆成外侧坐，一手撑杠展体跳下 跳上分腿坐，弹杠支撑摆动，支撑前摆下 支撑收腹举腿 5 次，分腿坐杠，转体 90°跳下 支撑摆动，前摆下 支撑前摆外侧坐，越两杠外侧坐，一手撑杠展体跳下 支撑后摆提臀分腿踩杠，下落进杠支撑摆动，前摆下

续表

项目	教学内容
跳跃	横跳箱侧撑俯腾越（箱高约 70 厘米） 横跳箱单脚起跳经侧撑越箱跳下（箱高约 90 厘米） 助跑纵跳箱前滚翻（箱高约 30 厘米） 山羊分腿腾越（山羊高约 90 厘米） 斜进直角腾越（箱高约 90 厘米）
单杠	双人互助引体向上 蹬摆翻身上成支撑，屈体前翻下 杠上支撑后摆 3 次，支撑后摆下 双手抓杠单腿挂膝杠下摆荡 5 次 跳起抓杠向前摆动转体 180° 引体向上
蹦床	直体跳转 360°接缓冲跳 吸腿跳空中转体 180°接缓冲跳 并腿坐弹起转体 90° 并腿跪弹起 屈膝后踢跳空中双手摸脚 屈体分腿跳
平衡木	前、后摆腿，吸腿提踵立，向前走至木端，团身跳下 提踵站立转体 180°提踵蹲转 180°，双脚跳起交换腿落木 向前变换步，侧交叉步成侧点地，侧波浪，向前分腿跳下 前踢腿接后举腿燕式平衡，向前分腿跳下 前踢腿接后举腿燕式平衡—交换腿跳—分腿跳下 向前变换步—向侧变换步—向后变换步—转体 90°—挺身跳下 后控腿跳

3. 教学考核与成绩评定

学生完成各单项规定动作，任课教师给予现场评价。教师应采用激励式语言评价、模糊分段定性评价，鼓励学生不断地提高自己的动作质量与综合能力，通过考核帮助学生肯定自己的进步，认识自己的不足。

A（优秀）：掌握并熟练完成练习，动作完成的质量很高。

B（良好）：掌握并基本完成练习，动作完成质量尚可。

C（一般）：还处在学习阶段，不能独立完成好动作。

4. 教学组织要求与建议

（1）丰富体操课教学组织和练习形式，加强学生课堂练习的密度。例如：教学中可采用分组轮换的练习形式，第一、第二组主要练习内容由教师重点督导，第三组、第四组复习其他内容或进行身体素质练习，安排小组长负责带领学生相互保护、帮助。教师指挥各小组等时轮换练习项目。

（2）教学组织可采用集体练习、分组练习、竞赛练习等组织形式，调动学生的积极性；以生动的语言、形象的比喻，运用"情境教学法"以增加练习趣味性，使体操教学活动更加符合学生的年龄特点及身心发展的需求。

（3）快乐体操课特殊规定：一个自然班学生40名左右，师资条件允许可安排一名小学教师和一名高校研究生分组教学。体操教学中练习单杠、双杠、蹦床等项目学生必须依次轮流使用器械，因此可以分组轮换练习以提高学生的课堂练习密度，也提高了教学安全性。

（4）教师必须建立良好的课堂练习秩序，练习前提醒并教育学生安全注意事项。课前场地器材要进行检查，课后对器材进行维护保养，确保教学顺利进行。

五年级（上学期）教学进度

课次	内容及要求
1	跳越：横跳箱侧撑俯腾越（团身或直体，箱高约80厘米） 单杠：双人互助引体向上
2	跳越：横跳箱侧撑俯腾越（团身或直体，箱高约80厘米） 单杠：双人互助引体向上
3	跳越：助跑前滚翻（垫高约30厘米） 单杠：蹬摆翻身上成支撑，屈体前翻下

课次	内容及要求
4	跳越：助跑纵跳箱前滚翻（箱高约30厘米） 单杠：蹬摆翻身上成支撑，屈体前翻下
5	跳越：助跑纵跳箱前滚翻（箱高约30厘米） 单杠：蹬摆翻身上成支撑、屈体前翻下
6	垫上：跪跳起，初步掌握动作技术 蹦床：并腿坐弹起转体90°
7	垫上：跪跳起，进一步掌握动作技术 蹦床：并腿坐弹起转体90°
8	垫上：后滚翻成跪 蹦床：吸腿跳空中转体180°接缓冲跳
9	垫上：后滚翻成跪 蹦床：吸腿跳空中转体180°接缓冲跳
10	垫上：后滚翻成跪，跪跳起 蹦床：并腿坐弹起转体90°×4次，吸腿跳转体180°×2次
11	双杠：屈臂屈膝挂杠翻上成支撑，臂屈伸5次，转体90°跳下 平衡木：前、后摆腿，吸腿提踵立，向前走至木端，团身跳下
12	双杠：屈臂屈膝挂杠翻上成支撑，臂屈伸5次，转体90°跳下 平衡木：前、后摆腿，吸腿提踵立，向前走至木端，团身跳下
13	双杠：跳上支撑小摆动，前摆成外侧坐，一手撑杠展体跳下 平衡木：前踢腿接后举腿成燕式平衡，向前分腿跳下
14	双杠：跳上支撑小摆动，前摆成外侧坐，一手撑杠展体跳下 平衡木：前踢腿接后举腿成燕式平衡，向前分腿跳下
15	双杠：跳上支撑小摆动，前摆成外侧坐，一手撑杠展体跳下 平衡木：前踢腿接后举腿成燕式平衡，向前分腿跳下
16～18	上课内容机动，由各学校任课教师安排

五年级（下学期）教学进度

课次	内容及要求
1	垫上：蹬摆成手倒立（靠墙） 蹦床：吸腿跳空中转体180°接缓冲跳
2	垫上：蹬摆成空中手倒立（靠墙） 蹦床：吸腿跳空中转体180°接缓冲跳
3	垫上：团身前滚翻蹲转180°，后滚翻成跪 蹦床：直体跳转360°接缓冲跳
4	垫上：前滚翻，蹲转180°，后滚翻成跪，跪跳起，挺身跳 蹦床：直体跳转360°接缓冲跳
5	垫上：团身前滚翻，蹲转180°，后滚翻成跪，跪跳起，一挺身跳 蹦床：直体跳转360°接缓冲跳
6	双杠：支撑前摆下跳箱上模拟练习 平衡木：提踵站立转体180°，提踵蹲转180°，双脚跳起交换腿落木
7	双杠：支撑前摆下跳箱上模拟练习 平衡木：提踵站立转体180°，提踵蹲转180°，双脚跳起交换腿落木
8	双杠：跳上分腿坐，弹杠支撑摆动，支撑前摆下 平衡木：提踵站立转体180°，提踵蹲转180°，双脚跳起交换腿落木
9	双杠：跳上分腿坐，弹杠支撑摆动，支撑前摆下 平衡木：向前变换步，侧交叉，成侧点地，侧波浪，向前分腿跳下
10	双杠：跳上分腿坐，弹杠支撑摆动，支撑前摆下 平衡木：向前变换步，侧交叉点成侧点地，侧波浪
11	跳越：横跳箱单脚起跳经侧撑越箱跳下（箱高约90厘米） 单杠：杠上支撑后摆3次，支撑后摆
12	跳越：横跳箱单脚起跳经侧撑越箱跳下（箱高约90厘米） 单杠：蹬摆翻身上成支撑，屈体前翻下
13	跳越：山羊分腿腾越（山羊高约90厘米） 单杠：翻身上成支撑，屈体前翻下

续表

课次	内容及要求
14	跳越：山羊分腿腾越（山羊高约 90 厘米） 单杠：双手抓杠单腿挂膝杠下摆荡 5 次
15	跳越：山羊分腿腾越（山羊高约 90 厘米） 单杠：双手抓杠单腿挂膝杠下摆荡 5 次
16～18	上课内容机动，由各学校任课教师安排

六年级（上学期）教学进度

课次	内容及要求
1	跳越：斜进直角腾越（箱高约 90 厘米） 单杠：跳起抓杠向前摆动转体 180°
2	跳越：斜进直角腾越（箱高约 90 厘米） 单杠：跳起抓杠向前摆动转体 180°
3	跳越：斜进直角腾越（箱高约 90 厘米） 单杠：引体向上
4	跳越：山羊分腿腾越（山羊高约 90 厘米） 单杠：蹬摆翻身上成支撑，屈体前翻下
5	跳越：山羊分腿腾越（山羊高约 90 厘米） 单杠：蹬摆翻身上成支撑，屈体前翻下
6	垫上：蹬摆成手倒立，初步掌握动作技术 蹦床：并腿跪弹起、并腿坐弹起
7	垫上：蹬摆成手倒立，仰卧团身收腹 蹦床：并腿跪弹接坐弹
8	垫上：侧手翻，初步掌握动作技术 蹦床：并腿跪弹接坐弹
9	垫上：侧手翻，仰卧团身收腹 蹦床：并腿跪弹接坐弹接直体跳转 180°

· 114 ·

续表

课次	内容及要求
10	垫上：侧手翻，仰卧团身收腹 蹦床：并腿跪弹接坐弹接直体跳转180°
11	双杠：支撑收腹举腿5次，分腿坐杠，转体90°跳下 平衡木：前、后摆腿，吸腿提踵立，向前走至木端团身跳下
12	双杠：支撑收腹举腿5次，分腿坐杠，转体90°跳下 平衡木：前、后摆腿，吸腿提踵立向前走至木端，团身跳下
13	双杠：支撑摆动，前摆下 平衡木：前踢腿接后举腿燕式平衡，交换腿跳，分腿跳下
14	双杠：支撑摆动，前摆下 平衡木：前踢腿接后举腿燕式平衡，交换腿跳，分腿跳下
15	双杠：支撑摆动，前摆下 平衡木：前踢腿接后举腿燕式平衡，交换腿跳，分腿跳下
16～18	上课内容机动，由各学校任课教师安排

六年级（下学期）教学进度

课次	内容及要求
1	垫上：侧手翻，巩固动作技术 蹦床：屈膝后踢跳空中双手摸脚
2	垫上：侧手翻，巩固动作技术 蹦床：屈膝后踢跳空中双手摸脚
3	垫上：屈腿头手倒立，初步掌握动作技术 蹦床：并腿屈体拍膝跳接屈膝后踢跳空中双手摸脚
4	垫上：屈腿头手倒立，仰卧举单腿两头起 蹦床：并腿屈体拍膝跳接屈膝后踢跳空中手摸脚
5	垫上：屈腿头手倒立，仰卧举单腿两头起 蹦床：并腿屈体拍膝跳接屈膝后踢跳空中双手摸脚

课次	内容及要求
6	双杠：支撑前摆外侧坐，越两杠外侧坐，一手撑杠展体跳下 平衡木：向前变换步，向侧变换步，向后变换步转体90°—挺身跳下
7	双杠：支撑前摆外侧坐，越两杠外侧坐，一手撑杠展体跳下 平衡木：向前变换步，向侧变换步，向后变换步转体90°，挺身跳下
8	双杠：支撑后摆提臀分腿踩杠，下落进杠支撑摆动，前摆下 平衡木：向前变换步，向侧变换步—转体90°—挺身跳下
9	双杠：支撑后摆提臀分腿踩杠，下落进杠支撑摆动，前摆下 平衡木：后控腿跳
10	双杠：支撑后摆提臀分腿踩杠，下落进杠支撑摆动，前摆下 平衡木：后控腿跳
11	跳越：横跳箱单脚起跳经侧撑越箱跳下（跳箱高约90厘米） 单杠：双手抓杠单腿挂膝杠下摆荡5次
12	跳越：横跳箱单脚起跳经侧撑越箱跳下（跳箱高约90厘米） 单杠：双手抓杠单腿挂膝杠下摆荡5次
13	跳越：横跳箱单脚起跳经侧撑越箱跳下（跳箱高约90厘米） 单杠：收腹引体向上
14	跳越：山羊分腿腾越（山羊高约90厘米） 单杠：蹬摆翻身上成支撑
15	跳越：山羊分腿腾越（山羊高约90厘米） 单杠：蹬摆翻身上成支撑
16～18	上课内容机动，由各学校任课教师安排

五、教案范例

教案是教师根据教学大纲和教学进度的课次安排，在课堂上完成教学任务计划的方案。教案需体现其每次课的教学任务、教学内容、教学方法及教学组织实施的过程。

快乐体操课教案范例1

年级_____ 班级_____ 人数_____ 课次_____ 日期_____

本课任务

（1）助跑山羊分腿腾越，发展学生的跳越和控制身体平衡的能力，培养学生的灵巧素质及勇敢品质。

（2）单杠屈腿屈臂悬垂5秒，悬垂脚蹬地收腹举腿5次，锻炼手臂的悬垂力量和腰腹部力量。

部分	教学内容及要求	组织教法、练习量
开始部分3分钟	（1）集合、整队。 （2）师生问好。 （3）教师进行着装检查。 （4）宣布本课的任务与要求。 要求学生：听从指挥，认真练习，完成任务。	组织：体育课密集队形四排横队。 ● △ 要求教师： （1）声音洪亮，精神饱满。 （2）语言简明扼要。

续表

部分	教学内容及要求	组织教法、练习量
准备部分 10 分钟	一、准备活动：围绕操场跑 2 圈 二、热身活动 （1）肩绕环。 （2）扩胸运动。 （3）腹背运动。 （4）弓步压腿。 （5）手腕、脚踝运力。 三、专项辅助练习 原地分腿跳并腿落练习。	准备活动组织： （1）四排横队成体操队形散开。 （2）教师带领学生共同完成。 ●●●●●●●●●● ●●●●●●●●●● ●●●●●●●●●● ●●●●●●●●●● △ 要求学生：动作到位，练习主动积极。
基本部分 25 分钟	一、学习助跑山羊分腿腾越 ［练习方法］山羊高度约 90 厘米。学生在 4～5 米处助跑至山羊前，并腿起跳，双手前伸支撑山羊，身体腾起时向上提臀两腿左右分开，两臂用力顶肩推手使身体腾越过山羊，然后上体主动抬起，并腿屈膝缓冲落垫。 ［动作要求］ （1）起跳后要控制好提臀高度。 （2）撑手顶肩要有力，推手时不屈肘。 （3）越过山羊时，两腿左右分开，尽可能伸直。 （4）落地时要及时屈膝缓冲。 ［保护与帮助］ 保护帮助时站在山羊的侧前方，当学生双脚跳起双手撑山羊时，迅速握住学生的上臂，向前上方顺势提拉（不要过于用力），帮助学生平稳落垫站稳。	组织及教法步骤： （1）教师讲解并示范。 （2）学生分组练习。 （3）教师纠正错误再练习。 （4）讲解示范时前两排蹲下。 练习期间 1、3 组轮换，2、4 组轮换。 队形： 1 组 2 组 ●● ●● ●● ●● ●● ●● ●● ●● △

续表

部分	教学内容及要求	组织教法、练习量
基本部分 25 分钟	二、单杠屈臂悬垂，悬垂脚蹬地收腹举腿 ［练习方法］ 单杠屈臂悬垂：双手抓杠屈臂悬垂，双脚离开地面向后屈腿约90°，要求屈臂悬垂保持5秒。 悬垂脚蹬地收腹举腿：双手抓杠，双腿屈曲置于杠前，单脚蹬地迅速上摆，身体顺势收腹举腿，双脚碰杠然后并腿放下成悬垂姿势，重复练习5次。	3组　　　　4组 ［安全提示］ （1）山羊后、单杠下摆放平整的垫子。 （2）练习时要严格课堂的组织管理，要统一动作方向、统一轮换顺序及行走路线。 （3）小组长站在单杠一侧，一手抓练习学生的前臂，一手托其腿部帮助其完成练习。
结束部分 3 分钟	（1）总结本节课任务的完成情况，并给出积极有效的评价。 （2）师生再见，收还器械。	组织及示意图（前两排蹲下） △ 要求：师生共同小结、评价和分享。
课后小结		

快乐体操课教案范例2

年级_____班级_____人数_____课次_____日期_____

课的任务
(1) 巩固课堂常规及组织纪律，形成良好的教学秩序和规范。
(2) 复习向前跃起手撑跳箱成蹲撑—跳下、垫上屈膝仰撑后退爬，发展学生上肢支撑能力及身体协调配合能力。
(3) 学习并基本掌握单杠出浪回荡，发展上肢悬垂能力及身体协调用力能力。

场地器材：篮球场1块、体操垫12块、单杠2副、跳箱2个。

部分	教学内容及要求	组织教法、练习量
开始 部分 3 分钟	(1) 集合整队。 (2) 师生问好。 (3) 教师进行着装检查。 (4) 宣布本课的任务与要求。 要求学生听从指挥，认真练习，完成任务。	组织及示意图：四排横队 ●●●●●●●●●● ●●●●●●●●●● ●●●●●●●●●● ●●●●●●●●●● △ 要求教师： (1) 声音洪亮，精神饱满。 (2) 语言简明扼要。

续表

部分	教学内容及要求	组织教法、练习量
准备 部分 15 分钟	一、准备活动 （1）肩绕环。 （2）扩胸运动。 （3）弓步压腿。 （4）原地跑跳。 二、专项活动 兔跳练习——蹲撑前进（4轮） 左右间隔两臂、前后距离半臂成六排横队。 教师示范蹲撑前进，指挥每排学生依次练习蹲撑前进，集体纠正错误再练习。 三、游戏——跑动的小蘑菇 游戏方法：全班学生六排横队，左右间隔两臂、前后距离三步成抱膝蹲，每一横排为一组进行接力比赛，由排头开始蛇形绕至排尾，再从排尾蛇形绕至排头返回到自己的位置，与下一名学生击掌并喊一声"加油"，下一名学生开始蛇形跑，直至整组学生进行完毕，用时最短的小组获得比赛胜利。	（1）六排横队成体操队行散开。 （2）教师带领学生共同完成，口令节拍师生呼应。 要求： （1）手臂不弯曲，顶肩有力，双腿蹬地充分。 （2）六排横队，左右间隔两臂、前后距离三步成抱膝蹲，每一横排为一组。 要求：注意力集中，遵守游戏规则。

部分	教学内容及要求	组织教法、练习量
基本部分 20 分钟	一、跑跳练习（站点 1、4） ［练习方法］跳箱高约 50 厘米，走 2~3 步于垫前，并腿起跳，双手撑跳箱，然后收腹屈膝成蹲撑姿势，站起跳下。 ［动作要求］向前跃起时两臂主动撑跳箱，顶肩有力，先撑后蹲；起跳跃出时双腿要蹬直。 二、单杠练习：出浪回荡（站点 2、5） ［练习方法］站在单杠前，双手抓杠，跳起收腹团身顺势向前摆动，尽量摆高，回摆摆至高点后双脚落地站稳。 ［动作要求］上肢悬垂充分，双手握力十足，摆动用力协调，动作幅度大，身体团与展控制好。 三、垫上练习：屈膝仰撑后退爬（站点 3、6） ［练习方法］学生屈膝仰撑在垫上（两手、两脚与肩同宽），同手同脚后退爬行，约 6 米为一趟。 ［动作要求］四肢协调配合，速度快、方向正、动作连贯。	组织及示意图：全班分成 6 个小组。 各组轮换方法： 开始时，第 1 至 6 组分别对应在第 1 至 6 站点练习。每隔 6 分钟左右，第 1、2、3 组和第 4、5、6 组分别按逆时针轮转到下一个站点进行练习。 教学步骤： （1）教师讲解要点并示范各站点练习。 （2）跑跳和垫上学生依次练习，单杠 2 人同时进行练习。 （3）轮换间隔教师提示要点、纠正错误再继续练习。 安全提示： （1）单杠练习时杠下放置垫子，回荡后双脚落垫子才放手。 （2）跑跳练习时防止向前跃起冲力太大，落地区放置垫子。 （3）垫上练习时垫子之间不能有缝隙。

续表

部分	教学内容及要求	组织教法、练习量
结束 部分 2 分钟	（1）小结本节课的完成情况，并给出积极评价。 （2）师生再见。 （3）课后整理场地，收还器材。	●●●●●●●●●● ●●●●●●●●●● ●●●●●●●●●● ●●●●●●●●●● △ 师生共同小结、评价和分享，以鼓励表扬为主。
课后小结		

第五章 快乐体操竞赛组织与裁判

通过举办不同规模和形式的快乐体操比赛，教师可以宣传、推广快乐体操运动，还可以检查教学和训练工作的成果，总结交流经验，促进运动技术水平的提高。通过比赛学生与其他学校的学生交流，教师了解项目发展动态，同时使参赛学生、教师及家长受到体育道德风尚、顽强意志的熏陶与激励。

一、快乐体操竞赛规则简介

1. 通关接力赛

按不同年龄组分别进行的男子团体 4 人和女子团体 4 人通关接力赛。赛场安排 2～3 个赛道，每个赛道根据不同的年龄组依次配置不同标准的快乐体操器材或辅助器材。各赛道可自行确定器材种类和数量，但设置的器材必须能测试运动员跑跳、平衡、灵敏、协调、速度等方面能力。

计时员的计时方法：运动员在起跑线后做好起跑准备姿势。当发令声响后开始卡表计时。运动员按赛道设置的器械顺序逐个通过各个"关卡"并完成相应内容的表演后与下一位队友击掌接力。当该队最后一名队员回到起跑线（即终点线）时停表。用时短者名次列前。每个环节不能顺利完成的（例如平衡木上掉下来），必须从掉下的地方重新上器械，继续完成本环节的比赛。

服装要求：要求穿体操服或运动服、体操鞋或白袜子。

2. 器械项目比赛

按《全国快乐体操等级锻炼标准》（2016 年版）对照比赛的相应等级所设项目进行，集体自由体操另设一项。参赛队可报名参加男子团体和女子团体项目，男子团体由 4 名男队员组成，女子团体由 4 名女队员组成。

5 个器械项目同时进行，比完一项之后轮换器械进行下一项比赛。团体成绩分为男子团体成绩和女子团体成绩。将 4 名男子或女子运动员各单项成绩相加为该团队成绩。

相应等级所设项目如下；

二级：蹦床、爬行、滚动、跑跳、半支撑。

三级：蹦床、跑跳、半支撑、单杠、平衡木。

四级：蹦床、半支撑、跳跃、单杠、平衡木。

五级：蹦床、跳跃、单杠、双杠（男子）、平衡木（女子）。

评分方法：

器械比赛裁判员按以下标准对每一位参赛队员进行评价。

5 分（优秀）：完成动作比较轻松优美，有一定的观赏性和表现力。

4 分（良好）：完成动作比较顺利，能连续完成规定动作，只是动作质量不够高。

3 分（合格）：能基本完成动作，出现失误、掉下或摔倒等情况，能在掉下或摔倒的地方开始接着完成规定动作。

2 分（不合格）：未完成大部分规定动作。

服装要求：要求穿体操服、体操鞋或白袜子。

3. 集体自由体操比赛

由男女 6~8 人组成队伍参加集体自由体操比赛。参加集体自由体操比赛的队伍应将该级自由体操的规定动作用舞蹈动作串联起来编入成套，自配音乐，时间不超过 2 分钟。队员可手持器械，种类不限，但禁止使用刀、剑等不安全的器械。

评分方法：

裁判员根据以下四个方面的标准进行评分：成套总分为 10 分。评分以 0.1 分为最小扣分单位。

（1）音乐选编和舞蹈编排：满分 3 分。

音乐符合少年儿童的特点，节奏明快，旋律优美，允许配有歌词，鼓励创新；舞蹈动作优美可爱，队形变换至少 3 次；成套动作与音乐配合协调。

（2）规定体操动作：满分 3 分。

按《全国快乐体操等级锻炼标准》（2016 年版）的相应等级设定自由体操动作。

（3）成套表现力：满分 3 分。

欢乐情绪，可爱童趣，相互交流，观众共鸣。

（4）服装：满分 1 分。

符合少年儿童特点，美观得体，与成套内容搭配和谐。

4. 亲子赛

亲子赛以家庭（学生和父亲或母亲）2 人为单位进行报名，按学生不同年龄段分组。

（1）宝贝通关

比赛内容：学生独自完成由赛事组委会专门设计的通关路径（涉及走、跑、跳、爬、滚等动作），掉落器械后必须从原地开始，未按照路径设计完成全部内容者成绩无效，用时较少者成绩列前。

（2）强壮父亲（30 秒俯卧撑）

比赛内容：父亲身体俯卧，双臂伸直，双手与肩同宽或稍宽，掌心向下平放于地面，屈肘使躯干靠近地面，肩低于肘的高度，推举身体回到双臂伸直位置。

（3）美丽母亲（30 秒仰卧起坐）

比赛内容：双腿屈膝，仰卧于地面，双脚分开与肩同宽，臀部、后腰、背部、肩胛骨、双肩均与地面完全贴合，双手交叉放于胸前，收腹起上身，以肘关节轻触膝关节为完成一次。

亲子赛评分方法：根据学生、爸爸或妈妈单项比赛所获名次最好的一方与学生的名次相加，数字小者成绩列前。

5. 创意搭建赛

每个参赛单位每个年龄组别限报一支队伍，每队 8 ~ 10 人，其中包括 1 ~ 2 名教练，队员性别不限。

比赛内容：在 1 分 30 秒内，教练组织本队成员将赛事组委会提供的快乐体操器械与模块进行创意组合、拼装，在此基础上可使用自带的安全道具。由一位教练员代表本队向裁判员和现场观众解读创意，然后带领队员进行练习或表演展示。各参赛队可自选吻合主题的音乐。

创意搭建赛评分内容和标准：总分 10 分，分别从创意编排和表演完成两方面评价。

创意编排（5 分）：主题鲜明，内容新颖独特，风格活泼，具有趣味性。利用器械巧妙搭建，幼儿园组不少于 6 个器械，小学组不少于 8 个器械。技巧运用应体现队员的身体素质和体操的技巧性。

表演完成（5 分）：动作完成要全队参与，团队合作安全有序，队员配合默契。创意搭建要充分利用所选道具，搭建稳定，展示阶段不失败，整体造型独特，清晰呈现造型主题。音乐使用贴合主题思想，表现力强，起到很好的衬托作用。队员有强烈的自信心，全情投入，队员展示能够感染裁判及观众。教练的解读清楚有条理，语言生动活泼。

比赛采用公开示分法，去掉最高分和最低分，取中间平均分，如分数相同则比较创意编排分值、完成情况分值决出名次。

二、裁判组成及工作职责

快乐体操裁判的组成包括仲裁、总裁判长、副总裁判长、各单项裁判长各 1 名，裁判员若干名（可根据参赛队的多少决定裁判员人数），总记录长 1 名，各小组记录员若干名，以及检录长、检录员、计时员、司线员等。以上人员均应参加相应的赛前学习，出席比赛前的裁判员研讨会，穿着比赛规定的工作服，准确、快速、客观、公正地进行工作。

（一）仲裁组的组成及其职责

（1）仲裁组长 1 名，负责接受并处理参赛队对评分提出异议的申诉、对参赛队资格的申诉。

（2）仲裁委员 1 名，协助调查申诉的参赛队的评分情况或资格情况，与仲裁组长共同研究处理意见。

（二）裁判组的组成及其职责

（1）总裁判长 1 名，全面负责并主持裁判组学习和工作，控制比赛进程，随时监督、检查、总结裁判工作情况，赛后向主办机构上交比赛总结报告。

（2）副总裁判长 1 名，协助总裁判长负责裁判组的学习、分工、评分、检查和总结工作。

（三）通关接力赛裁判组的组成及其职责

（1）裁判长 1 名，全面负责比赛的顺利进行。

（2）起点发令员 1 名，负责所有赛道同时起跑时的发令。

（3）在每一赛道均设置计时员 1 名，负责该赛道的计时工作，并配麦克风用于播报成绩。

（4）记录员 1 名，负责记录登记各队成绩。

（5）保护人员若干名（按所安排的通关器械数量，根据实际需要设定人员数量），负责比赛中器械移动后的恢复、队员的安全提示和保护。

成绩确定：计时员计时成绩为最终成绩。

（四）器械项目比赛裁判组的组成及其职责

共 5 项器械，每项器械均设如下人员：

（1）裁判长 1 名，统一裁判小组成员评分标准，明确竞赛组别及规定动作内容，核准上场运动员姓名，提示比赛开始，独立评分，公示最后得分。

（2）裁判员 2 名，根据竞赛规则和评分标准独立评分。

（3）小组记录员（兼跑分员）1 名，负责登记各裁判评分、计算运动员的最后得分。

成绩确定：3 名裁判员进行评分，去掉 1 个最高分和 1 个最低分，取中间分为最后得分。由裁判长即时示分。

（五）集体自由体操比赛裁判组的组成及其职责

（1）裁判长 1 名，统一裁判小组成员评分标准，明确竞赛组别及规定动作内容，核准上场运动员姓名，提示比赛开始，独立评分，公示最后得分。

（2）裁判员至少 5 名，根据竞赛规则和评分标准独立评分。

（3）小组记录员 1 名，负责登记各裁判员评分、计算运动员的最后得分。

成绩确定：6 名裁判进行评分，去掉 1 个最高分和 1 个最低分，取中间分数的平均分为最后得分，最后得分保留至小数点后两位。由裁判长即时示分。

（六）总记录组的组成及其职责

（1）总记录长 1 名，领导、安排并完成总记录组赛前、赛中、赛后全程工作。

（2）总记录员至少 3 名，其中有经验的电脑操作员 2 名，在记录长的分工安排下完成以下一系列工作。

赛前：按照竞赛规程的要求接受各参赛队报名；制定秩序册，包括竞赛规程、组织机构、参赛队伍、竞赛日程、竞赛流程、出场顺序、人员统计等内容；制作所有比赛时裁判用表格；准备好所有裁判用具。

赛中：及时准确地登记各队成绩、计算总成绩并确定名次；及时对外粘贴公布成绩；打印成绩单、打印奖状。

赛后：制作赛事成绩册，及时向各参赛队发放成绩册。

三、快乐体操竞赛的组织工作流程

快乐体操竞赛是一项计划周详、严谨、细致的工作，在举办比赛前必须做好一切准备工作。一般赛前准备工作包括制定竞赛规程、建立大会领导机构、进行有关的筹备和组织工作。

（一）召开主办单位筹备联席会议

主办单位或主要负责人召集有关单位及部门的相关人员出席会议。会议的主要内容是协商并落实有关竞赛的具体事宜，其中包括确定承办单位和协办单位、经费来源，赛事地点、日期、规模等。成立竞赛筹备办公室，确定办公室成员，将任务分工落实到具体的人。

（二） 制定竞赛规程

竞赛规程是组织比赛的重要指导性文件，是筹备比赛工作的依据，也是参赛单位、运动员、教练员及裁判员必须执行的准则。竞赛规程由主办单位制订，一般应至少提前3个月下发给各参赛单位，以便参赛单位有充分的时间准备比赛，安排好比赛期间各项事宜。竞赛规程应简明、准确，不使人产生误解。

竞赛规程的基本内容如下。

（1） 竞赛的名称：说明年度（届）、比赛性质、规模、赛事名称。

（2） 竞赛目的：简要说明比赛目的。

（3） 赛事日期和地点：要详细、清楚地写明赛事的具体时间和地点。如下发规程时还不能确定赛事地点，则要先写清楚赛事的城市。

（4） 参赛者条件：限定参赛者的范围，要具体、明确。在技术水平、健康状况、性别、年龄、思想作风等方面根据实际情况提出适当的条件。

（5） 参赛人数：各参赛单位可报男、女运动员人数，如有团体比赛，要说明参加团体比赛的运动员以及参加各单项比赛的运动员的人数。各参赛单位可报领队1名、教练1~4名、保育员或队医1名。

（6） 参赛的组别：根据运动员的实际年龄划分组别。

（7） 竞赛内容与办法：这是竞赛规程的主要部分，一般需要说明采用何种比赛内容、如何计分、计算成绩等处理方法。另外，如有特殊规定和要求，应有附件对其说明，例如快乐体操竞赛中如有特殊的评分规则，一定有评分规则附件。

（8） 录取名次和奖励：根据比赛的规模说明评几个奖项，是用等级奖的奖励形式还是用名次的奖励形式。例如，团体成绩使用等级奖的奖励形式，前40%一等级、再40%二等级、最后20%三等级。如另设立最佳表演奖、优秀组织奖、突出贡献奖、优秀裁判员及体育道德风尚奖等，也应进行说明。

（9） 报名和报到的办法：应写明报名的方式、要求、起止日期。比赛报到日期及乘车路线、联系方式等都要写清楚。例如，填写大会发布的报名表，需加盖各单位及医务室印章，附意外伤害保险单等并说明需于赛前多少天函寄到组委会。

（10） 其他：例如裁判员的选派、仲裁委员会人员的组成以及应急预案、预定往返车票等未尽事宜可以用附件的形式通告。

（三） 确立大会领导机构、组织机构

　　根据比赛规模的大小，成立相应的组织机构。全国性比赛通常由主办方和承办方共同协商确定大会组织委员会成员，包括主办方负责人、赞助商负责人、承办方负责人，上级领导机关的代表和有关知名人士以及总裁判长。组织委员会一般设主任 1 人，副主任 1 人，委员若干人。它是比赛大会的领导机构，其下是各办事机构。根据比赛规模决定成立几个分部门。部门分布要详细，各部门负责事项要具体、细致。中小型比赛可以根据实际情况少设定几个部门，但要安排清楚具体事项的负责人。以全国性比赛为例，组织委员会可分为以下几个部门。

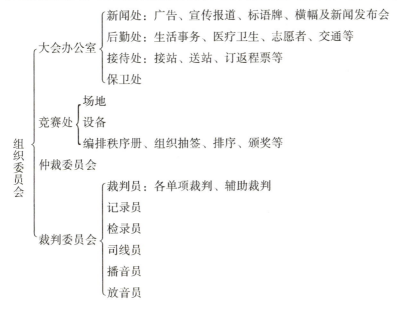

（四） 召开各项负责人联席会议

　　竞赛主负责人召开各项负责人联席会议明确责任分工，并进行相应的业务准备工作。会议的具体内容包括：对比赛筹备工作进行安排和说明、解释有关竞赛规程和评分规则等方面的有关问题，开闭幕式内容设计、执行流程，研究决定比赛的有关问题。